木村無相　お念佛の便り

土井紀明 編

永田文昌堂

『木村無相　お念佛の便り』の出版に当たり

木村無相さんから、当時、信心の問題で悩んでいた私宛に、一九八二（昭和五十七）年六月（当時、無相さんは七十八才、私三十七才）から往生される半月前の一九八三（昭和五十八）年十二月二十二日までにいただいた仏法のお便りを、できるだけ原文通りに年次順に載せました。最晩年の無相さんの念仏の信心がよく表されているものです。ここに収録されたもの以外にずいぶん沢山の書簡をいただいたのですが、その中でごく晩年のものをここに収録しました。これらのお手紙の中で、私的な内容の部分はかなり割愛しています。なお、各お便りの最初の題名と年月日は編者が付けました。

無相さんは多くの方と仏法上の文通をされましたので、沢山のお手紙が残っていると思います。そしてすでに三冊ほどの書簡集が過去に出版されています。今回の本は、私宛のものであり、書く相手による色合いや最晩年の書簡としての特色があると思い、公開いたしました。

内容は同じことへの繰り返しが多いのですが、何度も繰り返し味わうことがおのずと聞法になると考えられますので、そのまま載せております。これによって、念仏の信心を求める人の光になれば幸いです。

私は、一九六九（昭和四十四）年に木村無相さんに初めてお会いしてからご往生なされるまでの十五年間、篤いご法縁をいただきました。その御恩に少しでも応えたいと思い、無相さんの三十三回忌に当たって、この度の出版に至った次第です。

なお、無相さんの略歴は無相さんの二十五回忌に出版された『無相さんを偲んで』（「永田文昌堂」）からほとんど引用させていただきました。

合掌

二〇十六年十月一日

土井紀明

《目　次》

序『木村無相　お念佛の便り』の出版に当たり——i
一　無佛法の私を（一九八二年六月七日付）——3
二　ひとえに聖人による（一九八二年六月十日付）——6
三　三定死に念佛の白道（一九八二年六月十一日付）——19
四　我に道なしナムアミダ佛（一九八二年六月十二日付）——35

五　煩悩の凡夫めあての誓願（一九八二年八月二十日付）―― 47
六　願心潜み入りて信心となる（一九八二年八月三十日付）―― 53
七　ただ念佛のほかなし（一九八三年七月十六日付）―― 69
八　何ともない機と知らされて（一九八三年七月二十三日付）―― 73
九　佛心来たりて凡心に離れず（一九八三年九月八日付）―― 83
十　念佛も信心も如来廻向（一九八三年九月九日付）―― 100
十一　凡夫の思いに用はない（一九八三年九月十七日付）―― 117

十二　疑惑・無信の自性のまま（一九八三年十一月二日付）――151
十三　仰せのままに称えるだけ（一九八三年十一月七日付）――158
十四　最後のお手紙（一九八三年十二月二十二日）――195
十五　臨末でのお話（テープ録音）（一九八四年一月三日）――201
十六　余録――213
十七　『木村無相さんの略年譜』――215
あとがき――218

木村無相　お念佛の便り

一　無佛法の私を

一九八二年六月七日付

仰臥《ぎょうが》　無相

五十七年六月七日朝。和上苑二階にて。

紀さん——白ソコヒだが、手術出来ない目、半年目ごと位にグット見えにくくなるのですが、正月以来、半年前から、又、グット見えにくくなりました。この分では、今年中にはタヨリも書けなくなるのではないかと思っています。それで今のうちに、書きたいことは書いて出したく思っています。

さて、もう一度、三河のおその同行の「無佛法」の御縁に合わせて下さい。私としてもありがたく、紀さんとしてもありがたいとのことですから。『信者めぐり』六十五ページ、亡き三河おその同行の物語の中の七十一ページ、

三州高棚村の空林寺さんが、おそのに来てもらって、「私は佛法がないで困っている。どうか、佛法に入る道を聞かせておくれ」。おその「わたしも佛法は少しもない。ない

ゆえに、佛法様に助けられるのがうれしい」。空林寺「そんな薄情なこと言わんと聞かせておくれ」。おその「ワタシに佛法があると思うて呼びつけなさったか、それはマチガイというものじゃ。ウソでもなんでもない、ワタシにはミジンばかりも佛法はない。ないゆえに佛法様に助けられるがうれしいよりないわいのう。マァ今日は寒いでもう帰ります。ごめん下され」と、帰ったとのこと。

「ワタシに佛法はミジンも無い」というのは、おそのさんのホンネでしょう。これがイワユル「機の深信」でありましょう。マルキリ佛法がないから、佛法さまに助けられるホカない、ただ念佛せよの如来・聖人の仰せよりホカない。

○

なかなか、「ワタシに、ミジンも佛法がない」と気づかされないのである。「ワタシにミジンも佛法がない」ということさえハッキリわかったら、「如来さまバッカリ」「ただ念佛ばっかり」よりホカはないことになる。水ケが一寸もなくなって、ノドがカラカラにかわけば、信用出来る人が「さあ、この水を自由におのみなさい」と、さし出して下さったら、信ずるも、ウタガウもない、喜んで、ただガブガブといただくことでしょう。地獄一定すみかの身（無佛法の身）、それは「ただ念佛せよ」のよき人の仰せをウタガウも信ずるもなく、いただいて、仰せのままにただ念佛してノドのカワキをうるおすことでしょう。

「ワタシに佛法は、ミジンもない」ということが、ナニヨリ大切なので、「自分に佛法がある、佛法はわかる」と思っているほど、「ただ念佛せよ」「称我名字」の仰せはいただけぬ。それだけ、苦しまねばならぬ。ラクになれぬ。是非、善悪、正邪、肯定・否定、から解放されない、信不信からも。

つくづくおその同行の「ワタシに佛法はミジンもない」は大切。今だけでない。久遠劫より尽未来、ワタシには、佛法がミジンもないので迷うて居るのです。今朝はこれにて。

二　ひとえに聖人による

一九八二年六月十日付

昭和五十七年六月十日。ネタキリ和上苑の二階の食堂　半盲　無相

紀さん――。自室では机が低くて書きにくいので三時半ごろまでは大丈夫なので、二階の和室のソバの食堂に来て、食卓で書くことにしました。この方が高いので。

さて、もう、紀さんからタヨリあるころだなァと思って待っていましたよ。メモを見ると、前には五月三日かにお手紙もらっています。

さてお手紙のこと。

『世上、真宗の先生といわれる人が沢山あり、一体どの人のいわれることが本当なのかとまどうことがあります。』

とありますが、私も、真言から真宗へ来た（三十三年七月高野下山）当時からズット迷ったのでよくわかります。そのこと。これにはまいりますが、自分にナントなく、ふ

れる人、ふれる人、と、手さぐりにしているうちに、だんだんわかってきますよ。

○

が結局は、私は、聖典でも、聖人以外の人は読まなくなりました。

聖人のものと『歎異抄』、それ以外のものは蓮如上人のものものもよまないことにしました。

なんでもかんでも聖人の書きのこして下さったものと、『歎異抄』から探すのです。

聖人のものでも、特に難しいものはダメ（読めない）で、『末灯鈔』などはよく拝読しますが、ほとんどの人が「あの先生」「この先生」といった人のものを読んで、聖人のモノに食い下がる人がすくないのです。

しかしヒトはヒト、自分は自分ですから、私は「偏依《へんね》聖人」と思うほど、聖人のモノをたのみ、力にしているのです。その点、「就人立信」といってよいのでありましょう。

特に、歎異抄第二條の

親鸞におきては「ただ念佛してミダに助けまいらすべし」とよき人の仰せをこうむりて信ずるホカに別の子細なきなり

が、ありがたいのです。さてそれでは、ここで「信ずるホカに別の子細なきなり」とあるが、その「よき人」は、ホカのことを言っているのではない。

ただ念佛して

とおっしゃっているのである。

ただ念佛せよ

とある「よき人のおおせ」を〈信ずる〉ということの「信」の実際は、信ずる信ずると自分のタノミにもならぬ、この凡夫の心をイジクリまわすことではなく、

「よき人のおおせ」のまんまに、ただナムアミダブツと称えること、ただ称えることが、この場合の「信ずる」ということになるということにさえ、気がつかされると、信ずるという言葉にひっかきまわされることなく、

「よき人の仰せ」のまんまに、ただ念佛申すということ、

『二河譬《にがひ》』でいただくと、

白道にさしかかる

ということになるのでありますが、「三定死《さんじょうし》、三定死」といっても、せっかくの、現前の「白道」にさしかかれぬということは、ホントーの「三定死」になっていない、そう

いう「三定死」のどうにもならない自分ということがわかっていないから、まだ、ホントーに、どうにもならない自分とわかっていないから、まだ、余裕があるから、白道に思いきってさしかかれないのだと思います。

ホントーに絶対絶命となれば、高層建築の大火事の時、セッパツマッテ飛びおりる、又は、消防手にマカセルコトでしょう。

○

さて、いろいろの先生がたがいろいろのことをいわれるが、

『**この道を往け、とおすすめ下さる人が現代の教界には大変すくなく、心細さも感じます。**』

とありますが、それは聖人が『化巻』のはじめのところで

真なる者は甚《はなは》だもってすくなく、実なる者は甚だもってマレナリ

とおっしゃっていられるように、これは聖人御在世のころから、そうなのでしょうが、いつの時代でも、真実信心のお方はいたってすくない。

自分自身が白道にふみ込んでいる人がいたって、マレであるから、いくら、先生、講師といわれる先生方、イワユル名師でも、学問的に知識的にしか、真宗を理解していな

いから、イワユル解学《げがく》の人がホトンドだから、

この道を往け

と、自信をもって言えないのだと思うことです。

そういう「解学」と真実の学佛大悲心の「行学」の人との区別が、自分につかないから、迷うということになるので、先生方も先生方であるが、自分も自分で、第一には自分の信眼がハッキリと開かれていないことを考えるべきだと思うことです。

○

しかし、どんな人にも、バックには如来さまがついていて下さることゆえ、熱心に求め求めていたら、おいおいと、真実信心の方（カタ）がわかってくることでありましょう。

○

『二河白道』にさしかかっても、別解《べつげ》別行の人がよびかえすのですから、ヨホド自分自身の真実信心がハッキリしないと、「一念の信心」を得た得たと思っても、つい迷うということになるが、そこは一念の信において、「摂取不捨」の利益にあづかれば、いかに、別解別行の人がさそおうとも、迷いきるということはなく、摂取の心光によってかえるところに、立ちかえり、立ちかえらせていただけることでしょう。

そういう力があればこそ、願力の信心を
摂取不捨の利益
ともいうのでありましょう。

○

しかしそれは、真実の信をいただいた方のことで、たまたま浄信を得ば、この信、顚倒《てんどう》せず、この信、虚偽《こぎ》ならずということになりましょうが、信心決定しない間は、若存若亡の自力信心のくりかえしのほかはなく、いつまでたってもおちつかぬ、ナニカモノ足りないこと、お念佛一つで、心満たされるということにならないでありましょう。

金子先生があるところで
「信心とはお念佛一つをよろこぶ心である」
と申され、香樹院師は
「お念佛でハラをふくらせよ」
又は
「念佛していて、ナニ、不足があるか」

とおっしゃられるのは、大悲廻向のお念佛。「ただ念佛せよ」のお念佛を、よき人の仰せのままにいただくと、お念佛に心満たされ、今生でサトリは開けぬが「助かる」ということになるのでありましょう。で結局は、ドナタがホンモノかわからぬなら、一層、聖人だけはホンモノと思うほかないので、聖人の書かれたものに、モッパラ食い下がるのが一番よくはないでしょうか。

私はそう決定してもう十四・五年も前から偏依シンランになったようであります。

お手紙に

ただいつも思われますことは、木村様が申される如く、宗祖に徹底的につくということ、宗祖の教えにひたすら随順することといわれた、その事が大切だとこの頃、特に思うことであります。

とあり、おい〳〵とそういうことにならされることでありましょう。ありがたいことです。

その場合、はじめから〈随順しよう〉と思ってもムリですから、ともかくも、宗祖のおさとしに〈聞く〉というようにすることが大切と思います。宗祖の教えにヒタムキに聞いていると、そのウチにオノヅカラ、〈随順〉ということになって来ることでありましょうから。

○

お念佛についても香樹院が

念佛の声だに口に絶えせずば　御名よりひらく信心の花

といっている如くに、宗祖のモノに聞き〳〵しているうちに、宗祖のお言葉にオノヅカラ化せられて〈ああ、そうかー〉と、気づかされることになると思うことです。

はじめから〈随順しよう〉〈信じよう〉としないで、とにかく、聖人のモノに親しみ、親しみ、聞いてゆくことにつとめることが、聞法の実際としては大切と思うことです。

そうしている間に、自然法爾に〈随順〉とか〈信順〉とかいうことになってくることでしょうから、まず宗祖のモノに親しむこと、まず念佛なら念佛を称えることが、親しむということであります。

○

はじめママ子のつもりでいても、その父母に親しみ〳〵しているうちに、〈ああ、ママ子ではなかった、ホントの親だった〉と気づくことが出来ることでありましょうから、まず、ナニカにつけて、宗祖のモノに、問題、ギモンをぶつけて〈これはどういうことでしょうか、これはどういうことでしょうか〉と、問題をぶつけて、宗祖のお言葉中に、その答えを探しに探すことが大切と思うことです。『歎異抄』についても同じことです。

信心正因・称名報恩ということも、蓮如上人の時代は、カラ念佛だけ称えていて、ソレデヨイと思っているイワユル念佛の徒が多かったので、称名は報恩である、信心こそ正因ですよ、と強調しなくてはならない時代だったのではないかと思いますが、今はそうではない。

今は〈信心〉とさえいえば、〈自力の信心〉でも〈他力の信心〉でもおかまいなしといったようなことで、〈念佛〉はない時代になったので、一層〈念佛往生・信心正因〉と、念佛の大切さを強調しなくてはいけない時代だと思うことです。

念佛を強調といっても、それは、本願は〈念佛往生の誓願〉なのですから、〈念佛往生〉を強調するのは当然のことと思います。それを強調しない方がオカシイので、お西流の説教はいただけません。また、〈念佛〉ということは言うのは言うが、今のお東のような哲学的、観念的な念佛ではなくて、ホントウの念佛は

ただ声に、口に称える

のが、ホントウの念佛で、そんなにむつかしいリクツッポイ念佛では、賢者は助かって

も、われ〳〵のような愚者は助かりません。

○

「信心」については、
信心はいらないのではない。真実信心無くしては助かりませんから。
「自力の信心」はイラナイのですねぇ。自力の信心、つまりわれ〳〵凡夫が意業《いごう》をハタラカセテ、助かりたいために、「本願を信じる」というような信心はイラナイというのであります。凡夫が意業をハタラカセテ信ずるというような、イワユル信心は、ホントウの信心ではなく、「自力の信心」は、ウラをかえせば、「疑い」にしかすぎないから、
信・不信ともイラナイ
というので、「真実の他力廻向の信心はイラナイ」というのではないのですが、このことが、ナカナカわからないようです。

○

『信巻』や『浄土文類聚鈔』で
凡夫には、法爾としてモトモト信心はない、信心はオコラナイ、オコセない、
というのは、凡夫の意業をかりたてておこすような信心は、真実信心でないから、モト

モト、真実信心はなく、したがって真実信心のオコリヨウはないから、凡夫には信心なし、信心はおこらないというのであって、真実信心がイラナイというのではない。これがナカナカわからんので「信心」とさえいったら、ナニモカモ、イラナイと決めてしまうようになるのですねぇ。

これまた、マチガイですが、これらのことは、ソレコソ、真実信心を他力廻向といただいて、はじめてうなづけることで、イワユル、信前にはわからないので、「自力の信心」と「他力の信心」との区別がつかぬからどっちもイラナイと思うのですが、それはソレで、よいともいえましょう。

信前も信後も「凡夫意業《いごう》のオコス信心はイラナイ、ニセモノに決まっています」から。

○

『信巻』信楽《しんぎょう》釈のところに、

真実の信楽無く、法爾《ほうに》として信楽なし

といっていられることも『文類聚鈔』で

然るに具縛《ぐばく》の群萌《ぐんもう》・穢濁《えじょく》の凡愚、清浄の信心無く、真実の信心無し

又、

然るに流転の凡愚、輪廻の群生《ぐんじょう》、信心起こること無し、真心おこること無し

とあるのも、その実は他力廻向の信心が獲得せられることによって、その信心の智慧に、自心というものが照らされることによって、

「信心無し」ということが、「機の深信」ということが、「機の信心絶無」ということが、「機の上の信・不信ともに用なし」ということがハッキリ、思い知らされるのであるから、「他力廻向の信心獲得」しないでは、凡夫は法爾として、信心絶無ということも、真実信心は他力廻向であるということも、

念佛往生　信心正因

ということも、本人にはわからないのであります。

○

こうしたことは、「他力廻向の信心」が獲得せられてこそ、うなづけることであるので、他力廻向の信心が獲得せられないで、凡夫のアタマでいくら考えても、以上のことはわからないのですから、アトカラ、わかること、うなづけることを、はじめから、わかろうといくらしてもムリですから、「他力廻向」とか「真実信心がいただけてこそ、自分には信心絶無ということがわかる」など、いったことは、今考えなくてよいのだと

思うことです。
アトからわかることを、知識や教義としてはじめに、教え、オボエさすから、アトからわかることを、はじめから、わかろう、信じようにすることになるので、むつかしいことになるのです。
それで一番大事なことを一番端的に、簡明にいって下さっているのが『歎異抄』第二條の
親鸞におきてはただ念佛してミダに助けられまいらすべしとよき人の仰せをこうむりて信ずるホカに別の子細なきなり
というお言葉と思います。
もう夕食前で書けなくなりました。夜はツカレテ、ハガキ一枚書けませんので。
ナムアミダブツ
ナムアミダブツ
（六月十日〔木〕　ゴ四時半）

三　三定死に念佛の白道

一九八二年六月十一日付

朝七時半

無相

（昭和五十七年）六月十一日（金）

武生駅前の林病院の待合室にて。

さて昨日はドコまで書いたことか、しかし今日は今日で思いついたこと書くことにします。

○

「三定死《さんじょうし》」ということは、考えようによってはわれ〱凡愚は、久遠劫来、「三定死」なんですが、コト出離に関しては、全く無力で、出離については、いつもどうしようもない自分であるが、それに気がつかないで久遠劫来、迷いに迷うて来たというてもよいと思うことです。

それに気がつかなかっただけで、今生でご縁あうようになって、五年、十年、聞いているうち、知らぬ間に「三定死」らしいと気づかされたので、今さらの「三定死」ではないのです。

「三定死」は文字通り「三定死」で、助かる道はなく、凡夫としては、未来永遠に出離の手がかりは無いのですが、それを見ぬかれた法蔵菩薩さまが十劫の昔に「念佛往生の道」を建ててくださって、そのオカゲで、私にいわすと、「唯念佛」という白道をひらいて下さったのです。それで、自分としては、ただ一つの道があれば「三定死」ではないワケですが、凡夫個人としては、まったくの「三定死」で、どうしようもないまま、助かる道は無いのです。

がソコで、如来法蔵様が「念佛往生」ただ念佛という「白道」をおあたえ下さって、とうてい助からぬ身に、お助けの道をつけて下さって、「ただ念佛するよりホカに道はないぞよ、凡夫は自分がドンナ人間であろうが、そのまま称えよ、そのまま白道にふみこめよ」と、言いづめにして下さっているのですが、「三定死」の凡夫はナカナカそれが信じられない。

それで自己流に「若存若亡《にょくぞんにゃくもう》」を十年二十年、三十年とくりかえしつつ、そのままで、人生にわがムネに、光が見出せぬまんまほとんどの人が死んでしまうのですねえ。

紀さんの手紙に

此の道（白道）は余りにも狭く余りにも単純で、何か本当に往けるのだろうか、助かるのだろうか、ひょっとしたら一生かかっても駄目ではなかろうかとの疑念が湧いてまいります。

又自分の様なダメな人間では往けるだろうかと思ったりします。

○

と正直に書いているが、「自分の様なダメ人間」のために特に五劫思惟、永劫修行されての「念佛往生」「ただ念佛」の白道ゆえ、全くのダメ人間が渡らなくては渡る人がいないのです。

ダメ人間のために特に「念佛往生の本願」をたてられ、ただ念佛の白道を、だれでも、渡れるように、白道して下さっているので、ダメでない人間のための白道ではない――。

○

たとえば串木野からコシキ島まで泳いでゆけない、歩いてはゆけない人のために「串木野――コシキ島」間の渡し船があるので、泳げない人、海の上歩けない人間が「私のような泳げない人間はこの渡し船に乗る資格はない」などと言ったらサゾおかしいことでしょう。

とうてい歩いてゆけない人のための渡し船であり、列車であり、バスであるのに、「私は歩けない、泳げないから、乗ったらいけないだろう」と思うのはコッケイな話で、そういう人のための渡し船であり、白道「念佛往生の道」なのだから、そういうワレ〲が乗せてもらわねば、「乗り手」が一人もないことになって、船主（如来）の方はこまってしまうことでしょう。

○

紀さんは
自分の様なダメな人間では往けるだろうかと思ったりします。
と言っているが、往くこと、海上を歩くこと、泳ぐことの出来ないダメ人間のための「串木野――コシキ島間」の渡し船ですから、そういう人こそ、ダメ人間こそ、「ありがとう、ありがとう」と乗せてもらい、乗せていってもらえばよいので、それも渡し船に乗るのにお金やお礼は一銭もいらないので、マルキリ、タダの船なので、ただおおせのままに乗せていただけば、自分で往け、歩けというのではなく、船が自然と渡してくれるのであるから、自分のようなダメな人間がはたして「往けるだろうか」の心配はいらないのであります。

○

まだ「三定死」という自覚までいっていないというのは
自分の様なダメ人間で本当に往けるのだろうか。
と思っているところがまだ「三定死」になっていない。まだ「三定死」の自覚さえもないというのであります。

○

「三定死」であろうがなかろうが、ダメ人間とホントーに思ったら文句なく、白道にふみこめばいい、渡し船に乗ればいいので、それも自分で「ふみこむこと」も「乗りこむこと」もいらないのですねえ。「ふみ込む力」も「乗りこむ力」もない、まったくの「ダメ人間」なので早やすでに「お念佛」を下されていて、今さらふみこむことも、乗りこむこともいらないようにして下さっているのですねえ。それこそ底無しのダメ人間なので。

○

ご和讃に

弥陀観音大勢至
大願の船に乗じてぞ
生死の海に浮かびつつ
乗せて必ず渡しける

と「乗せて」とまでおさとし下さっているではありませんか。

自分から乗ったり往こうとしたりすることまで出来ぬ、マルキリの「ダメ人間」であるから、「そのまま」という仰せがあるのでありましょう。「ダメ人間」の「ダメなソノママ」ということでしょう。

○

つづいてお手紙に

この道を往けとお勧め下さる人が現代の教界には大変少ないと、心細くも感じます。

とあるが、ナニも「現代の先生」がたばかりたよらなくてもいいではありませんか。七百年ムカシに、スデに親鸞聖人あり、法然上人あり、その前、善導大師あり、お釈迦様あり、「阿弥陀経」には六方、十方の諸佛がスデに確信をもって、大声で勧めて下さっているのですから、「現代の教界」や先生がたがどうあろうとかまわないではありませんか。
「就人《じゅにん》立信」といっても、はたして「現代の先生がた」を「就人立信」できますか。
私は香樹院師、松原先生、金子先生についてよく言い、書きますが、さて「就人立信」ということになると親鸞聖人、法然上人、善導大師、お釈迦さま、根本は如来さま――それで十分、十二分ではありませんか。
『歎異抄』第二条で、
いづれの行もおよびがたく、とても地獄は一定すみかぞかし
(ダメということは、一生、万生の未来までダメで)
弥陀の誓願マコトにおわしまさば、釈尊の説教、虚言なるべからず、佛説マコトにおわしまさば、善導の御釈――法然の仰せソラゴトならんや、親鸞が申すムネまたもてムナシかるべからず候か、詮ずるに愚身の信心におきてはかくの如し
とあるが、弥陀、釈迦、善導、法然、聖人が、確信をもってお勧めがあれば十分、十二分ではありませんか。
現代の先生がたがナントいわれようと、迷うコトはいらないと思います。
もちろん、あの先生、この先生にもそれぞれありがたいところはありますが、それで

はその先生のどなたに「就人立信」できることでしょう。

たとい法然上人にすかされまいらせて地獄におちたりともさらに後悔すべからず候と断言出来るほど。

その点、私としてはいろいろ迷いに迷ったあげくに、親鸞聖人こそ、私の「就人立信」のお方です。そのほかのお方はどれほどよいこと、ありがたいこと言って下さっても「就人立信」の「人」とはいえません。もちろん私としてははです。

法然、善導さま、ドナタでもよいですが、と申しても、私は法然上人、善導大師のものを少しも拝読してないので、私における「就人立信」のお相手は親鸞聖人ということに結局は決定されました。ホカの方のおさとしはおさとしとして。

紀さんは紀さんで「就人立信」といえる、お方が決まるといいですがねぇ。

◯

さて「就行《じゅぎょう》立信」の方でいえば、「ただ念佛」しての「お念佛」であります。「ただ念佛してミダに助けられまいらすべし」とよき人の仰せをこうむりて信ずるほかに別の子細なきなりの「就人立信」の聖人、また『第二條』のおわりに
この上は念佛をとりて信じたてまつらんとも

と「お念佛」を行として「就行立信」されていられますねェ。
法然上人を「就人立信」される親鸞聖人また
「ただ念佛」「念佛」
を「就行立信」されていられます。
「就人立信」のよき人は、
ただ念佛せよ
と「就行立信」されていられます。
紀さん、「就人立信」のよき人、また「就行立信」のお方で、両方別々ではないのでありましょう。
紀さん——
重ねてお勧めします。あの先生、この先生でもよろしいが、もうよい加減に「就人立信」の「人」を決めてもよいかと思うことです。

○

私は今、念佛詩「歎異抄」を書いています。その「歎異抄序」については、
唯円御房　歎異抄序に

〃ひそかに愚案をめぐらせてほぼ古今をかんがうるに、先師の口伝の真信に異なることを歎き、後学相続の疑惑あることを思うに〃

ああ

〃有縁の知識〃　親鸞聖人
〃口伝の真信〃　ただ念佛
〃易行の一門〃　念佛往生
親鸞聖人ご和讃に
　〃念佛成佛これ真宗〃

ああ

　〃口伝の真信〃　ただ念佛
　相続すべきは　ただ念佛
ナムアミダブツ
ナムアミダブツ
ナムアミダブツ

ナムアミダブツ

としました。
『歎異抄』が私のための『歎異抄』であるといただき、『歎異抄』を貫くものは〝ただ念佛〟

有縁の知識は親鸞聖人
易行の一門は念佛往生の唯一門
聖人の
念佛往生これ真宗

といただいていることです。

○

さて、又話が飛びますが『二河譬《にがひ》』に「白道《びゃくどう》」について

中間に一つの白道を見る。きわめてこれ狭少なり

とあり、聖人かドナタか

その巾《はば》、四・五寸

とありますが、それは「白道」にさしかかる前に見ると、巾四・五寸に見えて至って狭く、心細く思えることですがさて、「必ず渡るべし」と実際に踏み込んで往くにつれ、僅《わず》か四・五寸で狭いと思っていた白道がだんだん広く感じられ、

大道長安に至る

という「大道」に感じられるようになるので、はじめに「狭少、四・五寸」としか思えず、どうも信用できなくても、この道よりホカなしと仰せのままに踏み込んで渡り出すと、だんだん白道の巾は、大道も大道、どんなものでも通す。十方衆生一時に全部通れるほど、広い「白道」「ただ念佛の世界」「如来の本願海」ということがだんだんわかってくるのですよ。

このごろ新聞に「硫黄島」その他で、奥も長く奥が広い、大防空壕が見つかっていますが、いづれもその入口は狭くやっと一人がはいつくばって入れる位——それが中に入って奥へ行くほど広い〳〵——。

それと同じことで「白道」は一見、四・五寸に見えて踏み込むほど、実に広い大道——。

入口のところで「この入口はとても狭く小さいなあ、これで入れるものだろうか」と

につれて深い、広い――。

思うと同じで、三定死《じょうし》においては白道、四・五寸にしか思えぬほど。踏みこんでゆく

○

わからないが、サダ女曰く
信じなくてはいけない、これではと、ダメ人間の自分の信にこだわっている間は、

『私はどうも信じられません。ウタガイはれません。聞こえません。どうしましょう
――』

機の状態にこだわっている間は「白道」は狭くしか感じられないが、事実はそうでない。

凡夫のアタマで考えることにとらわれている間は、凡夫のアタマにたよっている間は、
ナニモカモ、小さく、狭く、タヨリない。信じられないのですが、そのサダ女に対して、
香樹院師が
そのまま称えるばかりでお助け
そのホカにナニモイラヌぞ
とおさとし下さっている。凡夫の不信やウタガイなど、富士の山ほどあっても、ソレは

小さい小さいモノ。
ただ念佛の白道は実に広くて豊か。凡夫の不信ウタガイなど、問題にならぬ。信もだ。
それゆえ、「そのまんま」という。
信じられません
聞こえません
でも、「そのまま、称えるだけ」である。
よき人のおおせのままに
ただ称えること
ただ念佛
このホカはないのです。

『求法用心集』に、たびたび書くが、
二。立てぬまま
曰く
道は見えている。

イザリが立とうとする。
立てぬ、どうしても立てぬ、
立とうと思うのもマチガイ。
立てると思うのもマチガイ。
そのままである。
とある。
「三定死」であろうが、なかろうが、いつでも「そのまま」である。
「ナムアミダブツ」とは
「そのまま」ということ、
「ナムアミダブツ」とは
お前がどうあろうとも、
お前の生死出離の一切は
マルマル引き受ける
との仰せ。
どうにもならぬまま、ナムアミダブツとお引き受けいただくホカはない。

池山先生の仰せに、

ナムアミダブツ　ナムアミダブツ

これだけだよ

これだけだよ

これだけしかないのだよ

これだけでいいんだよ

と、実にカンタン。今から称えるのでなくて、スデにナムアミダブツと称えている。そのまま、このままのホカナニモ無い。

四　我に道なしナムアミダ佛

一九八二年六月十二日付

六月十二日(土)　暁五時。和上苑の自室にて。　無相

さて、昨日まで、ナニを書いたか読みかえす、気力も、時間もないので、昨日まではなく昨日までのこと、今日は今日なりのことを書かせてもらいます。改めて読んで下さい。

お手紙に

二河譬を見ますと「既に此の道あり、必ずまさに渡るべし」と三定死の現実の状況になお「むしろ此の道を尋ねて前に行かん」といわれている限り、三定死の現実には全く道がとざされているということではないと思います。

三定死のところになお一つの道がすでにあることを善導様はいっておられて、無道(道なし)と仰っておらないのは、大切なところではないかと思っております。

とあるが、まず大切なことは、

「三定死」の境地にはまったく道がない、どうしようもない、のだということをしたたかに、味わい知ることが大切中の大切と思います。はじめから道があるものなら、「三定死」とはいわないでしょう。「三定死」の我が身と気づけばどうしようもない。「我れ」としては、どうしようも無い。「我れ」としては生死出離については絶望のホカないことを、十二分に知ることが大切で、安易に、「ここに道あり」と思ってはイケナイと思うことです。「我れとしては、まったくどうしようも無い、まったく道なし」ということをよくよく味わう時に、はからずも、「道あり、この道を往け」の仰せを聞くのです。

「我れ」としては全然道がない、「凡夫」としてはまったく道がない。

そこに、「この道を渡るべし」は「如来法蔵」様の方からのことです。「我れ」としては、全然道がない、絶対絶命のその「我れ」に「如来」が道をつけたもうてこそ、「道あり」ということになるので、「我れ」としては、「道なし」と知ることが、とても大切なことであります。

「我れとしては、まったく道なし」

ソレが「機の深信」

「如来が道をつけたもう」
コレが「法の深信」

○

「我れ」としては、未来永劫に出離の道あることなしということが大切。ここがハッキリしないと、「ここに道あり」との法がいただけない。

徹底して「我れに道なし」ということが思い知られることが大切。

無道（道なし）とはおっしゃっていない。

がそれは

無道の私において、はからずも与えられた道なので、我としてはまったく、思いもかけぬことなのである。

「我れとしては、全然道なし」ということが、ハッキリしないから、ただアタマでそう思うという程度だから、今既に、「道あり」と知らされても、それがいただけなくて、白道に踏み込めないのである。

○

さて、それはそれとして、今朝は別の方から聞いてもらいましょう。

○

「我れとしては道がない」にしろ、「まったく無道ではない」にしろ、スデに、道は、あたえられているのである。「信前」も「信後」も無い。「三定死」もクソもない。既に「道」はあたえられているのである。

それは、「信」にしろ「不信にしろ」オタガイには、スデニ、念佛があたえられているのである。

オタガイはスデに、早くから、ともかくも、声に、口に、ナムアミダブツと申すことは、チギレ〳〵にしろ、申しているのである。この「称名念佛」こそが、スデに、「道」があり、与えられている「白道」なのです。

この念佛、この称名念佛のホカに、別に「白道」というものがあるのではない。オタガイは、スデに、生死出離の道として、「白道」、念佛をあたえられているのである。今、既に、スデに、お念佛は申すのであり申されるのであり、申しているのである。

このお念佛が、即ち白道なのである。このスデに与えられている、称名念佛という「白道」のホカに、「白道」を、救いの道を、考える、求める、探すところにマチガイがあるのである。

「帰命とは、本願招喚の勅命なり」と聖人がおっしゃってくれているが、ナムアミダブツ、お念佛のホカに、本願招喚の勅命のホカに、「白道」はない。われ〳〵の口に、声にナムアミダブツと申さるる、申されている、このお念佛のホカに「白道」はない。

○

だから、聖人は

帰命とは本願招喚の勅命なり

と仰せ下さっているのである。

白道とは本願招喚の勅命のホカなく、ただ念佛のホカにはないのである。

その「白道」を今、現に、信にしろ、不信にしろ、三定死であるにしろ、無いにしろ、オタガイは、スデに、この濁悪の口に、ナムアミダブツナムアミダブツといただいているのである。

○

カバタの和上さまが、『求法用心集』（49ページ）に

聲《こえ》が白道

聲が白道なり。

聲のかからぬ処へは行けぬ。
今度はお聲が白道となるなり。
とあるように。
声のホカに、今称えられるお念佛のホカに、「白道」を考えるから、今から、「白道」に踏み込まなくてはならぬように思うのである。ところが、和上が仰せられるように、お声が白道なのである。
今現に、そして、前々から、われ〳〵の口に、声に、のぼって、下さっているお声が白道であり、オヤサマなのである。
和上お歌に
朝夕に　口よりいづる　佛をば
知らですぎにし　ことのくやしさ
とあるが、59頁に
御声が親様である。
活佛《いきぼとけ》はこれじゃ。
とあるが、同時に

御声が白道である。

『阿弥陀経和讃』の最后かに

五濁悪時悪世界
濁悪邪見の衆生には
弥陀の名号あたえてぞ
恒沙《ごうじゃ》の諸佛すすめたり

とあるが、「濁悪邪見のオタガイ」にスデに、お念佛は、白道としてのお念佛は、与えられているのである。今さらに、三定死がどうのこうの、道、前方にあり、どころではない。

「道」は「白道」は、スデに三定死の身にスデに与えられているのである。ただソノコトに、その事実に気づかない。アタマでわかるようであっても、「ああ、そうか」といただかれぬから、恒沙の諸佛が、そのお念佛のホカに白道はないぞよ。そのお念佛一つだよ。オタガイの生死出離の道は、白道はと、

「恒沙の諸佛すすめける」

で、お勧めにすすめて下さっているのである。
釈迦如来、善導、法然、親鸞、香樹院ホカ諸佛が、その念佛が白道であるぞよ、唯一の往生極楽の道であるぞよ、それよりホカに出離の道はないぞよ、と、阿弥陀経では東西南北上下の六方の無尽の諸佛が、念佛往生を讃嘆し、おすすめになり、証明下さっているのです。七高僧が。

○

今どきの先生方が、念佛往生を軽く思っていてもいいではないか。
釈迦、弥陀七高僧等の証言、証明さえあれば、
ただ念佛して、よき人の仰せのままに、お念佛一つといただくホカはないのである。
それも今さら称えるの信ずるのというようなことではなく、今スデに、この口に、声として、与えられている、お念佛であり、お称名であり、ナムアミダブツであり、このホカに別に、今さら踏み込むべき白道などというものはないのである。

我れ称え
我れ聞くなれど
ナムアミダ

連れてゆくぞの
親の呼び声
とは、原口針水師のお歌とのことであるが、ワレ〳〵が今、口に称えるお念佛は
連れてゆくぞ
の親の呼び声である。念佛しつつ、ソレを聞く以外に、信心も安心もない。

○

ただ念佛しつつ、念佛の仰せ、「連れてゆくぞ」を聞くホカに信心も安心もない。

○

「汝一心正念《しょうねん》にしてただちに来たれ」

の仰せも、今現に、称えられるお念佛の仰せであって、遠く西岸上にあって、遠くから呼んでいる声ではない。白道というも今の称えるナムアミダブツ、親様というも今称えるナムアミダブツ、「往け」も「来い」も、今称えるナムアミダブツの中にある。

「往く」も「踏み込む」も、今現に称えつつあるお念佛のホカにはない。『白道』というも、この我々の、どうしようもない、心のホカにはない。『二河』というも、この『二河』の煩悩身、煩悩心とはなれておくれぬ今のお念佛のホカにはない。

聞法というも、今称えるお念佛の仰せを、お念佛において、声において、口において、聞くホカはない。

○

ただ念佛はそのまま、ミダのお助けなのである、白道なのである。それだから
ただ念佛せよ、
ただ念佛において、ミダに助けられよ
と「よき人」が仰せられるのである。

○

イワユル、学者たちの、未信の人の言にとらわれていては、百千万年かかっても助かる時はない。

○

現代の先生がた、教団人の言うことがどうであってもかまわないでないか。

如来、釈迦、七高僧、聖人、香師、その他の諸佛の確信あるおすすめ、仰せさえあればいいではないか。それで私は、如来、聖人様のオカゲで現代の学者先生がたのいったり、書いたりすることに迷うことはやめて、「聖人お一人の仰せ」と決定さされて、

ただ念佛して、ミダに助けられまいらすべしとの「よき人」の仰せ、その意味の「就人立信」、ただ念佛という「就行立信」に決定さされたのです。

○

紀さん――

聖人の晩年の御著書とお手紙をくりかえし〳〵拝読して、聖人直接に、「弥陀の本願」は「念佛往生」、その現実は、仰せのままに「ただ念佛のみ」とはいただかれませんか。

今、現に、信、不信にかかわらずお念佛申さるる、このお念佛のホカに、オタガイの生死出離の道はないのです。ワレ〳〵が、今さら、信ずるの自覚するのと言うまでもなく、スデに、

弥陀、釈迦が、善導、法然、親鸞が御証明、御証言であります。

ただ念佛してミダに助けられよ

と。

助けるとは、我々の力や分別ではどうしようも無い、出離生死についての一切をマルマル引き受けて下さるる、というお念佛の仰せのままに、ナムアミダブツと如来の誓願

を、おいただきするホカに、助かるということはないのです。

又、アリノママの手紙を下さい。紀さんは、アリノママ、書いてくれるので、よくわかってありがたいです。もうとても会えそうもないから、文通のホカありません。ソレも、私の目がどうにか見える間で。

ナムアミダブツ　ナムアミダブツ

これが結論であり、一切であります。

五　煩悩の凡夫めあての誓願

一九八二年八月二十日付

昭和五十七年八月二十日(金)　武生駅前、林病院の待合室にて。

半盲　無相

さて、八月十日づけの紀さんのハガキの全文を書きましょう。

「八月五日付のお便り拝受いたしました。写真まで添《そ》えていただきなつかしく感じました。〈ただ念佛〉のお手紙有難うございました。

石川舜台《しゅんたい》師が『疑い晴れて信ずるにあらず、晴れざるは凡夫の心なり』といわれたことを金子大栄先生が何度も仰せられていたとの事を聞きましたが、疑い晴れざる我が心メアテの本願としらせていただき、念佛往生の誓いがまさにこの心（疑い晴れざる心）メアテにただ念佛するばかりで一切始末をつけてやるのお心。信じる力なく、疑い晴ら

す力なく、ここに私の心の一切否定の結帰するところであります。信心に手も足もでない私、というところこそ、私の全面否定の〈トドメの一点〉であります。ただ念佛とはここに与えられる白道と知らされます。

以上が、紀さんの八月十日づけのハガキの全文です。最后の

『信心に手も足もでない私、というところこそ、私の全面否定の〈トドメの一点〉であります。ただ念佛とはここに与えられる白道と知らされます。』

とあることについて、書けるだけ書かせてもらいます。

○

紀さんは、

石川舜台師が「疑い晴れて信ずるにあらず、晴れざるは凡夫の心なり」という「疑いの意《こころ》」「疑い晴れざる心」メアテが、念佛往生の本願と、このタヨリを読むかぎり、思っているようですが、私は、弥陀の本願、念佛往生の本願は、ソモソモはじめは疑いの心、疑い晴れざる心をメアテの本願ではなかった。もっと、その底にモトがある、オメアテがある。

といただいていることです。

○

この点、よく読み味わって下さい。お願いします。

「疑いの心」とか「疑い晴れざる心」とかは、もっとアトから、出てきた心、といわねばならん、かと、私は思うことです。それでは、疑い以前のオメアテの心とはなんでしょうか？

如来法蔵比丘が、世自在王佛のみもとで百一十億か、二百一十億かの諸佛の国を見せられて「念佛往生の誓願」をおこされた、ソモソモのハジメの時は、「疑いの心」も「疑い晴れない」という心も、無かったと考えてよいかと思います。その時に目にとまったワレ〳〵衆生のスガタは『歎異抄』第一条でいただけば、

罪悪深重　煩悩熾盛

という「煩悩具足」のスガタであって、ワレラ衆生は、「煩悩具足」のゆえに久遠劫来、迷いに迷って来て、その「煩悩」のゆえに、「苦悩」しているのに、その「苦悩」はナニユエにおこっているのかという「苦悩の根本原因」については、考えようともしないか、又、考える能力も全然ないのです。

それゆえに善導大師が二種深信の「機の深信」でハッキリおっしゃっていられるよう「自身は現に罪悪生死の凡夫」であるのに、ワレ〳〵自身は、それを、そうとは知らないで、それによっての「苦悩」だけを感じていて、それが我が罪悪深重、煩悩熾盛のために「苦悩」しているとは、全然知らないのである。我ら凡夫はその「苦悩」の原因である「罪悪深重　煩悩熾盛」のゆえに「広劫よりこのかた、常に沈み、常に流転して」現在にいたり、今、現在「苦悩」しているのであり、そういう私が私である以上、未来永遠に、「出離の縁あること無く」苦悩をつづけるより、闇の生活をつづけるよりホカ無いのである。ところがワレ〳〵凡夫はそうした「煩悩具足、煩悩熾盛」のゆえに、久遠劫来、迷いに迷うて来て、今、現にそのために「苦悩」し、未来永遠に、出離の縁あることなし、苦悩無尽、果つることは無しである。

○

そういう凡愚、ワレ〳〵が、それゆえにただ「苦悩」しているのを見るに見かねて如来法蔵様が、

念佛往生の誓願をお建て下され念佛成佛、ただ念佛の救いの道をおつけ下されたのである。

ところがですよ、ところがですよ。如来法蔵様が「煩悩具足、煩悩熾盛」のワレ〱の「生死出離」の道をつけて下されたことについて、ワレ〱まことに愚かな衆生は、その御苦労の「念佛往生の誓願」を、「ウタガイ、信ゼズ、ハカラウ」ということをするようになったのではありますまいか。

○

もとより如来法蔵さまは、「煩悩具足の迷いの衆生」は生死出離のために念佛往生の誓願をお建て下され、ただ念佛の道をつけて下されても、「煩悩具足、煩悩熾盛」のゆえに、その「念佛往生の誓願」を、「念佛往生の唯一の出離道」も、ウタガイ、信ぜぬことも、お見抜きの上で、「念佛往生の誓願」をお建て下されたのでありましょう。それゆえ「十八願」だけでなく「十九願」「二十願」もお誓い下されたのでありましょう。

そうでありましょうが、如来法蔵さまの念佛往生の誓願のおメアテは、やがては、その誓願もウタガイ、信じないことになる「煩悩具足」のわれらのために、お建て下された御本願であり、「煩悩具足」やがてはせっかくの「念佛往生の誓願」も、ウタガイ、信ぜぬことになる、まことに罪悪深重・煩悩熾盛のワレラの、出離の唯一道として、念佛往生の本願をお建て下さったのでありましょう。

○

それで、「念佛往生の誓願」のオメアテは結果的には、信じ得ず、ウタガイ晴れざる衆生のために、建立して下さったといただいて、よいことでありましょうが、ソモソモのはじめは、悪衆生、邪見やがては、不信どころではなく、全く自性としては、無信、無佛法のワレラがためにお建て下されたた「念佛往生」「ただ念佛」の御誓いといただかれることです。

六　願心潜み入りて信心となる

一九八二年八月三十日付

半盲　無相

一九八二年八月三十日(月)

自力とも他力とも、カラ念佛ともアクビ念佛とも、考えなくていい、ただ「ナムアミダブツ　ナムアミダブツ」と九官鳥が人間に教えられて、心には関係なしに、ただ、口に、声に、

ナンマンダブツ　ナンマンダブツ

と、ただ「発音」するように、ワレ〳〵も、「よき人の仰せ」「ただ念佛してミダに、引受けてもらえよ」との仰せのまンまに、

念佛称え称え、地獄におつるか極楽にまいれるのか、ソンナコト、考えなくてもいいんです。

こう称えたら自力の念佛か他力の念佛かなど、我がココロの状態なんか、どうでもい

いんです。ただただ「よき人」の仰せのまンま、「ただ念佛せよ」との仰せのまンまにナンマンダブツと、発音念佛するだけなのであります。
そうすると、それが、ハカラズも、そのまンまで、「信の念佛」「ハカライの無い念佛」「おまかせの念佛」になっているのです。ワレから
「信の念佛を称えましょう」「信の念佛を称えなければいけない」、ワレから
「ハカライの無い念佛を称えましょう」「ハカライの無い念佛でなくてはいけない」、ワレから
「他力の念佛を称えましょう。自力の念佛はイケナイ。他力の念佛でなくてはいけない」、
ワレから
「オマカセの念佛を称えましょう。おまかせの念佛でなくてはいけない」
などと考える必要も、そうしようとすることもいらないのです。これではイケナイというようなことも、ナニ一つ無いのです。
ただただ、よき人の「ただ念佛してミダに助けられまいらすべし」との、仰せのまン

まに、こちらは、ワレ〳〵まったくの凡愚は、ただ「発音念佛」するばかりです。
「よき人の仰せ」を聞いて、コチラはただ発音念佛申すばかりで「生死出離」については、全く無力の、ワレ〳〵に、「責任」があるのではないのですよ。
「ただ念佛せよ」
「ただ念佛してミダに助けられまいらすべし」
と言われる「よき人」に責任があるので、ワレ〳〵に、責任があるのではない。そう言う「よき人」に、モトを正せば
称我名字と願じつつ
若不生者と誓われた
如来法蔵様、
念佛往生、念佛成佛をお誓いになった。
「設我得佛　十方衆生　三心十念　若不生者　不取正覚」
とお誓いになった。善導さまによると、
若我成佛　十方衆生　称我名号　下至十声　若不生者　不取正覚
とお誓いになった、如来法蔵様に、ワレ〳〵の「生死出離」についての責任があるので、

「生死出離」については、ワレ〳〵としては、

「汝の生死出離についてのことは、一切、このミダが引受けてシマツをつけるから、このミダに、まるなり、まかせて汝はただ念佛せよ」

と仰せられる、如来法蔵の「仰せのまま」に、「よき人の仰せ」のままに、ワレ〳〵は、ただ全く、無責任に、「わが身の生死出離」とは言え、「生死出離」について、全くの無能・無力の、ワレ〳〵は

「汝の生死出離はこのミダが、マルマル引き受けるぞよ。汝は、ただ発音念佛せよ」

の仰せのまんまに、「生死出離」については如来様の全責任として、ワレ〳〵はただ、仰せのまンまに、発音念佛申すだけ、無責任に、念佛申すだけ、み名を称えるだけのことなんですよ。それを「称えたら助けるが、称えなくては助けん」といったような、キュウクツなことではなくて、ただ称えよと仰せられるだけのことなのであります。

○

それだから、香樹院師も、サダ女が

どうしても信じられません、ウタガイ晴れません、聞こえませんがいかがいたしましょう。

と言ったことに対して
そのまま、ただ称えるだけ、そのホカにナニもいらぬぞよ
と仰せられたのでありましょう。
「生死出離の責任」は
ただ念佛せよ
と仰せられる如来が、ワレラ、生死出離について、全くの無能、無力者の「生死出離」
については、全責任を如来が全部、負って下され、引き受けきって下さることゆえ、そ
の上での
ただ念佛せよ
の仰せゆえワレ〳〵としては、仰せのまンまに
ただ念佛申すばかりなのですねェ。
それで『求法用心集』に和上が
往生のことは引き受けるから、ただ念佛申せ
の仰せじゃという意味のこと、申されているのではありますまいか。
○

（歎異抄）第二條に

ひとえに往生極楽の道を問い聞かんがためなり

と仰せあって、その往生極楽の道としては、「ただ念佛一つ」とのことで、

「念佛よりホカに往生の道をも存知し、また、法門等をも知りたるらんと心にくくおぼしめして、はんべらんは、大きなるアヤマリなり」

と聖人が仰せあるのは、

如来が、念佛一つにて、ワレ〳〵の生死出離については、全責任を負いたもうゆえ、ワレ〳〵は、仰せのままに、「ナムアミダブツ」をただ、ナムアミダブツといただくばかりで、生死出離についての責任は全部、如来が負いたもうということではありますまいか。

○

今回のお手紙のはじめに

「念佛往生の本願」の思召しの深さにひきこまれていきます。

とあるが、それは

「念佛往生の本願」力のお力によって、だんだん引きつけられているのですねェ。おい

おいと

されば、ソクバクの業（逆謗《ぎゃくほう》センダイ、無佛法、無信）を持ちける身にてありけるを、助けんとおぼしめしたちける（「念佛往生」「口称の本願」）本願のかたじけなさよ、と、いうように、本願力によって、ひきこまれつつ、あるのですねェ。

まったくの、無佛法無信の、ワレ〳〵をここまで、連れ出して下されし、如来の御恩は、お力は、大したものですねェ。

私の底の底に（無佛法、無信、逆謗、センダイの底の底）まで見抜いて下さっている思召しに頭の下がる思いがします。

とありますが、その通りですねェ。

ないないいづくしのわが心なれば、ただ念佛の仰せが、大悲の思召しが、身に浸《し》みるようであります。

こうして「ないないいづくしのこの身」であるのを、全く、知らなかったのを、「ないないづくしのこの身」と思い知らし、

ただ念佛の仰せが、大悲の思召しが、身に浸みるようであります。

と、「わが機のナイナイづくしである」こと、このわが機をしらせるオハタラキ、

ただ念佛の仰せが、大悲の思召しが身に浸みるようでありまます。

と、「そくばくの業（かぎりのない悪業）」の身（機）と、思い知らせ、ナイナイづくしの我が機と、つくづく思い知らせ、同時に、この機のための、お念佛の法と思い知らしめる我が内面に、ハタラカレル、オハタラキを、「他力廻向の信心」「弥陀廻向の信心」というのであります。

○

如来ご回向の機法二種一具の他力信心、弥陀ご回向のご信心によってこそ、**無い無いづくしの我が心、我が機と思い知らされ、ただ念佛の仰せが、大悲の思召しが、身に浸みるようでありまます。**

として、「法」が、仰がれるのであって、この「我が機」を知らしめ、「我が法」をしみじみと思い知らせるオハタラキを、「他力廻向の真実信心」「二種一具の真実信心」と名づけるのであって、この、如来廻向の大悲心、「佛智」のことを「他力廻向の真実信心」と名づけるのであって、こうして、「我が機」を思い知らしめ、「我がための法」を思い知らしめるオハタラキのホカに、別に、ナニカ、「真実信心」というものがあるのではないのですね。

ただこの、他力廻向の如来の大悲心、即ち、信心の智慧、佛智によってのみ、無い無いづくしの「我が機」、逆謗センダイ、無佛法、無信の「我が機」ということが思いしらされるのであって、

いつの間にか、我が、煩悩妄念の意業《ココロ》の奥に、背後に、主体的に、忍び込みたまいし、如来の願心、「称我名字、若不生者不取正覚」の如来の大慈、大悲心、佛智のホカに、ナニか、「信心」というようなモノガラがあるのではなくて、「信心」とは、

ワレラが、愚悪、無信の、無佛法の自性、本性の、意《ココロ》の背後、というか、奥というか、主体というか、にいつの間にか忍びこみたもうて、「我が堕《お》つる実機」のスガタを、しみじみと、明らかに、知らしめたまい、

かかるワレラは、如来廻向のただ念佛よりほかに、出離の道はないとつくづく、しみじみ、思い知らせたもうを、「信心」と名づけるのであって、ウスカワマンジュウの中身は、アンコであるように、「他力信心、他力信心」といっている「真実信心」の中身は、「アンコ」は、如来の「助けんとおぼしめしたちける本願、願心」のことなのですよ。

○

助けんとおぼしめしたちける大悲の願心、第十八願が、ワレラの煩悩妄念の逆謗、セ

ンダイ、無佛法、無信の意の背後に、バックに、奥に、主体的に、忍び込みたもうて、「我が機の助かり無さ」を、しみじみと思い知らしめ、こうしたワレラの助かる法は、お助けの法は、本願念佛よりホカに無いぞよ
と知らせたもう、我が内面の、我が迷妄の意の背後に、主体として、この我が機を
大悲無倦常照我（身）
と、常に照らし照らして止まざる如来の摂取の光明、如来の大悲の願心、四十八願心、第十八願心のホカに別に、「真実信心」というモノガラがあるのでは無いのですよ。

○

それをそうと知らないで、
我が迷妄の凡心＝意から、信ずる、タノムの心を、おこさねばならぬ、
又、我が迷妄の、この凡心＝意《ココロ》に、信じゴコロを起さねばならぬと思いこんでいるところに、ワレ〳〵の、「迷い」があり、また、無信の坊さん、先生たちが、他力、他力といいながら、そのような自心建立の自力信心のハナシを、マコトしやかに、話す、書くのを、本気に受けとるところから、「信心」についてのことが、マチガッテ、伝えられているのですよ。

○

「善信が信心も、上人の信心も一つなり」という聖人の信心も、「源空が信心も、善信の信心も一つなり」

という信心は、

こうした「他力の信心」その中身は弥陀の「願心」、弥陀そのものであると言ってよく、我れ〱のイワユル、「信じゴコロ」といったものでは無いのですよ。いわば、「他力廻向の真実信心、即ち願心の廻向、佛智の廻向」によって、

我れは無信なり、

我れは無佛法者なり、

我れは、逆謗センダイなり、

こうした我れは、

ただ念佛のホカは無し

と思い知られ、「信知」されるのであるから、イワユル、凡夫の信心は全然イラナイのであると共に、凡夫の自心建立の信心は、ニセ札と同じで、全然、通用しないのです。

他力廻向の真実信心によってのみ、

ソクバクの業を持ちける身ということも思い知らされ、
このような者、このような無信、無佛法、逆謗センダイの身は、ただ念佛のホカは無し
と、信じ、思い知らされるのであるから、普通に、「信心々々」と思っているような信心は、まったくイラナイのですよ。天下に通用しない、「ニセ札」が、〈イワユル信心〉なのです。

ソンナ、ニセ信心をホントーの信心のように、思い込んで、

「信じられない、信じられない」

と、「苦」にすることはイラナイのです。そんな、信心は、無い、いらない、のであると思い知らせるハタラキこそが、「生きたホントウのご信心さま」「信心の智慧」「佛智」なのです。このような「無信」「無佛法」「逆謗、センダイ」の私、ワレ〳〵に、廻向実現し、ハタラキたもう「佛智」を、「信心」と名づけるのであります。


それで、「信楽の体は至心である」というのでありましょう。

「信心マンジュウ」の「アンコ」は、「中身」は、弥陀の智慧、大悲の願心のことなのです。

それで、「ご信心をいただく」ということの実際は、実質は「佛智」をいただくこと、「弥陀の切なる願心」をいただくことで、「助けんとおぼしめしたちける本願」のホカに、別製の、「信心」というようなモノガラが、あるのでは無いのですよ。

このことは、非常に大切なことで、ほとんど、僧俗が、この大切な点を、マチガッテ、受けとっているから、こん日のような、浄土真宗でない浄土仮宗、又は、浄土邪宗になっているのです。

○

ワレ〳〵は、浄土仮宗、浄土邪宗に、まぎれこんではならないのです。『歎異抄』の序分に、

またく自見の覚悟をもって、他力の宗旨をみだることなかれ

とあるが、今は「他力の宗旨」を自見の覚悟をもって、「思い乱っている時代」なのです。

○

ワレ〳〵は、それらに、思い乱されてはイケナイのです。

○

私は、法然上人のこと、一遍上人のこと、ほとんど知らないが、親鸞聖人ほど、ワレく\凡夫の「機の助かりなさ」を、深刻にというべきか、如実にというべきか、信知しているお方は無いと思うので、私は、同じ、お念佛のお方であっても、

地獄に落ちても後悔しない

と言える、私としての、ホントーの善知識様は、ひとえに「親鸞聖人」お一人なのであります。

○

その、善知識、よき人の仰せが

親鸞におきては、

ただ念佛して、ミダに助けられまいらすべし

とよき人の仰せをこうむりて信ずるホカに別の子細なきなり

なので、「ただ念佛、ただ念佛」と、わが生死の帰依所を、

念佛往生の誓願

ただ念佛

と、いただくバカリなのであります。

○

昨日、八月三十日(月)の朝、十時から書き出したこの手紙、もうつかれましたし、書きたいこと書かせてもらったので、これでやめます。

この目、こうして、一日かかって、というか、二日かかっていうか、六十一枚書かせてもらったが、いつ「目」見えんように、書けんようになるかわからんので、これが最后の手紙となってもよいようにと、今日は今日のお領解のままを思いきり書かせてもらいました。

○

結局のところ、実に、カンタン、明瞭で、「ナムアミダブツ」これ一つであります。それも、私が決めていうのではなく、聖人が

念佛よりホカに、生死出離の道なし、ホカに知らず

と仰せられるので、その仰せだけで、私は充分なのであります。

その仰せの通りに、助けて下さるのですか、助かるのですかは、私の知らんところです。

それで、私はいいのです。
ただ念佛してミダに助けられまいらすべし。
の仰せ、善導大師の
若我成佛　十方衆生　称我名字　下至十声　若不生者　不取正覚
との、仰せで充分であります。

○

これだけにします。今、八月三十一日(火)朝、六時二十分。太子園に朝食にゆく、七時まで、ベッドに横になって、身心休めます。

○

よく読んで下さいました。くどくどしく、アッチに飛んだり、こっちに飛んだりする、長い長い手紙を。

七　ただ念佛のほかなし

一九八三年七月十六日付

昭和五十八年七月十六日(土)夜、八時十五分、和上苑、自室にて。

仰臥　無相

紀さん――

このごろ「目」と「モノワスレ」とても、ヒドクなって、書いて出したようにも思われ、書かなかったようにも思われるので、重々複、かもしれないが、書きます。気にかかると、ネツカレないから。

ラジオ放送の題は「煩悩とわたし」とのこと、書きましたかね。今日、NHKから、〈現金書留〉で手紙下さり、放送料、再放送料を送ってくれました。放送しないうちに。近いうち、カセットテープ、送ってくれるというので、なんとか聞きたいと思って。話のドコを、ドンナ風に三十分にまとめてくれたか知りたく、又、自分の声をききたいので。
話は「煩悩とわたし」という題で大体わかります。
〈極重悪人唯称佛〉
〈ただ念佛してミダに助けられまいらすべし〉
というところでないかと。

○

さて、紀さんの手紙の
ただ念佛してミダに助けられまいらすべしと一直線に歩ませていただきます。たとえ多くの人がそれを真宗でないと言わるるとも。
と言っていることは、これを〈一心一向〉という。
〈と信じて念佛申さんとおもい立つこころのおこる〉
であり、
〈弥陀をタノム〉〈信ずる〉〈本願にスガル〉〈本願念佛にまかせる〉〈ハカライなし〉
等々の、一切が
「一直線に」

の中に、オノズカラ、全分にふくまれていることゆえ、
〈一直線に歩む〉以外に、
〈本願をタノムとは?〉
〈信ずるとは?〉
〈マカセルとか?〉
というような、疑心を持つ必要はさらになしです。

○

ただ念佛で一直線歩むだけです。

ただ念佛
そのほかに、ナニもいらないのです。

一切のハカライもオノヅから念佛が、とかしてしまうからです。

ハカライもウタガイも、一切、気にする必要なし。

気にしてもナムアミダブツ、気にしなくてもナムアミダブツ、一切、ただ念佛のホカなしです。

○

もうねます。ナム、ナム、ナム、ナム　　八時半、合掌
ナニカを御縁に、ただただ称うるばかり
ただ念佛
ただ念佛
ただ念佛
ただ念佛

八　何ともない機と知らされて

一九八三年七月二十三日付

五十八年七月二十三日(土)

和上苑の二階の自室にて、仰臥しつつ　　無相

②さて、紀さんの七月十六日消印の法信の、法信部分を全部書きます。

私にはこれで信じたというものは何もありません。むしろ信ずる心なきものにこそナムアミダブツと浸《し》み入って下さるお心が（ほのかな〳〵光となって）時々嬉《うれ》しく感ぜられます。

ここまでについて今日のミニレターの①に大体書きました。さてこの②はこれからアトのことについて書かせてもらいたいのです。

しかし大抵は、何ともない心です。又、何ともない心を何とかしようとも思いません。何ともない心のままに、歩かせてもらっております。ナムアミダ佛ナムアミダブツと。

これでおしまいになっているのです。
まことに、短く簡単ですが、ここが大切なところであります。

○

私がこの「何ともない」という言葉に、はじめて合ったのは、もう四十年も前か、三十七、八才のころのことで、（今の紀さんのころか、私はおそくて、三十二才からはじめて真宗の寺にいって、真宗の御縁にあいだしたのです。紀さんの今の三十八才ごろは松原先生の寺を出た当時で、念佛は申していたが、ナニもわからないのでした。）

○

さて、私が「何ともない」という言葉に、はじめて合ったのは今から四十年前の三十八、九のころでして、丁度、今の紀さんのトシゴロでしたが、それから二十年も、それがナニを意味するか、わからなかったのです。

○

それは『庄松ありのままの記』に庄松同行の言葉として二度のっているのです。一番はじめは、（今、チョット『ありのまま記』が見つからんので『信者めぐり』によって書きます。）

〇

『信者めぐり』九十一頁に、次の如くあります。

庄松同行の厚信なることを聞き、江州（滋賀県）長浜の同行、カゴを以《もっ》て請待した。其の晩の勤行には「帰命無量寿如来」で始まりて「往生安楽国」で終わるかと思うたら（庄松が導師）鐘を打ち「ナントモナイナントモナイ」というだけで終わった。多くの参詣人は皆驚いたとある。

又、如何なるウマイ話があるかと思い、今か今かと待ちうけて居たが、一言の御法話もない。ただジット座って居るだけ。

皆アテがはづれてアクビまじりに念佛称えながら、不足や小言を云い帰ったとある。

そのアトで、宿の主人が庄松に不足を云うた。

『アンタもあんまりじゃないか。この遠方まで来ていただいたのは、ありがたい話を聞かせてもらいたいためである。それに一言もないということがあるもんか』

庄松曰く

『何を言う。今晩はありがたい話があったじゃないか』

主人曰く
『ナニありがたい話があるものか、一言もなかったじゃないか』
と重ねて不足を言うた。
庄松曰く
『私は又、非常にありがたい話が聞こえた。アチラにも、ああナムアミダブツ、コチラにもナムアミダブツ、実にありがたかった。この辺には、それでは、ナムアミダブツよりホカになお、ありがたいお話のあるトコロかや。ワシは、ナムアミダブツよりホカにありがたいことは知らぬ』
この一言だけで帰国されたとある。
ホカに聞くこともないでのう。

これは妙好人『信者めぐり』を語った三田源七老のハナシである。

〇

紀さん、私は、この庄松の話の中の
ナントモナイナントモナイ

ということと、
ナムアミダブツよりホカにありがたい話はない
ということが、今から、十四、五年まで、（六十三、四才）までわからなかったのです。
紀さんとはじめて知ったころまで。
もう一つある。
『信者めぐり』一〇三ページに、
興正寺派の御法主が庄松同行に
『ソチは信をいただいたかや』
庄松『ヘエ、いただきました』
法主『その得られた姿を聞かせてくれ』
庄松『ナントモナイナントモナイ』
法主『それで後生の覚悟は、よいかや』
庄松『それはアミダ様に聞いたら早うわかる。オレの仕事じゃなし。オレに聞いたとて分かるものか』

○

紀さん、私には、「庄松」同行の以上の「ナントモナイ」という二つの御縁がはじめて読んでから、四十年も、わからなかったのです。

○

鐘を打ちつつ「ナントモナイ、ナントモナイ」
信心が得られた姿は、「ナントモナイ、ナントモナイ」

○

それから、四十年も経《た》って、同朋会館の門衛所である時（昭和四十三、四年ごろか）
アア、ソウカ
と、私なりにわからされたのでした。
「ナントモナイ」とは、それは、如来の光明、真実信心に照らされた、私自身の本性、自性の、まったく佛法気の無い、無信のスガタなのでした。我が機のスガタなのでした。

○

そのこと、その後『信者めぐり』を読んでいると、三六二ページに、浄教寺師のお言葉として、次の如くあります。

凡夫の性根玉というたら

地獄と聞いても、ナントモナイ
極楽と聞いても、ナントモナイ
この「ナントモナイ」トコロへ付ける薬がないゆえに「無有出離之縁」と〆《しめ》をうたれたのである。此の「ナントモナイ」機が原因となって、出来上がりた大法（ナムアミダブツ）ゆえ、ナムアミダブツは、此の（ナントモナイ）機よりホカにオサマリドコロがない御誓約と聞いておくがよい。
との浄教寺師のおさとしである。

○

紀さん、
ワレ〱の実機、自性、本性というものは、まことに「悪衆生、邪見、無信の者」で、時には、ありがたいとか、うれしいとか思うことがあっても、その実は、「ナントモナイ」のが我れ〱の本性、自性なのであるから、そのために、如来法蔵さまが、五兆の御苦労で念佛往生、南無阿弥陀佛を御成就下されたのであるから、この「ナントモナイ」機のホカに、「ナムアミダブツ」をオサメルところが無いのである。如来は、「ナムアミダブツ」の念佛として、この「ナントモナイ」機のワレ〱のムネにクチにナムアミダブツナムアミダブツと、思い浮かび、称えあらわれてイヤでもオウでも、この「ナントモナイ」機の我々をして「念佛」申し、往生せしめずば、止まないのである。我等の「生死出離」を、「ナムアミダブツ、ナムアミダブツ」と、決定せしめずには止まないのである。

○

それゆえ庄松は、『正信念佛偈』のアト
ナントモナイ、ナントモナイ
と我等が機をツブヤキ、この機は「念佛」よりホカに「出離の縁」あることないゆえに、「念佛」の声がありがたかったと、正味の一番大切な大説教を言ったのである。

○

そこで、我等の「ナントモナイ」機、マルキリ出離についてては「ダメナ機」、「アカン機」は、凡夫の心では、わからず、お念佛にふくまれている真実信心、ナムアミダブツによって、思い知らされたのであるから、「ナントモナイ」機と、「マルキリダメナ」機、「アカン機」と、如来の信心、念佛とは、ハナレテイナイ、如来回向の念佛にふくまれている信心によって、「ナントモナイ」機と思い知らされたのであるから、

「ナントモナイ」機と思い知らされたら、その上に別に、信心とか、念佛とかを持って来なくて、ただ「ナントモナイ」心を思い知らされただけでいいのである。ただ「ナントモナイ」心のまんま、ただ「ナムマンダブツ、ナンマンダブツ」のホカはないのである。

○

そのこと、又、浄教寺は、次の如くオサトシ下されている。（信者めぐり、三五二ページ）

アカヌ機（ナントモナイ機）をアカヌ機と、知らされたのも、法から知らされたのじゃ。だから、「アカヌ一つ」（ナントモナイ一つ）が思い知らされたら、その場へオヤ（如来）を出さずとも、

アカヌ機ぞよ（ナントモナイ機である）と知らされた一つの中に、アカヌ機（ナントモナイ機）も、マカセル法も、アカセル法も一つに二つが満足して居る。

それで、「ナントモナイ機」「ナントモナイ心」と知れたら何とかしようとする必要はさらさらないのであるから、紀さんが「何ともない心をなんとかしようと、しようとも思えずして、何もない心のままにナムアミダブツ、ナムアミダブツと歩ませていただく」という、それでよいのであります。

そうであってこそ「本願相応のお念佛」であり、ワレ〳〵凡愚としては、これよりホカに生きよう、歩みようがないのです。そういう生き方を〈ただ念佛〉という。

これだけにします。つかれました。またアリノママをオタヨリ下さい。アリノママが一番いいです。眞由実さんによろしく

明廿四日(日)朝、ラジオ放送を聞きます。

ナムアミダブツ　ナムアミダブツ

合掌

九　佛心来たりて凡心に離れず

一九八三年九月八日付

無相

五十八年九月八日(木)

九月四日づけの今日、八日に入手したミニレター、大変ありがたく、うれしく、今、二回読ませてもらいました。

ありがとう　ありがとう

如来聖人のオカゲにて、紀さんもやっと、「信心」について書いてくるようになり、ホントーに嬉しく、ありがたく思います。

○

七月二日かの

無相さんのイノチである〈ただ念佛して〉を真直線にあゆみます。たとい、多くの人がそれを真宗でないといっても

という手紙、あの今までにない決定心の手紙を読んでやがては、そのうちに「信心」についてい書いてくると思いましたが、それが早く来て、「ああ、来年、書けなくなる前に、言って来てよかった。」書けなくなってから、代筆では、とても、くわしく、返事書けないので。

ありがとう　ありがとう

「ご廻向のご信心」について、書いて来てくれて。

「目」とても書きにくいので、判読して下さいよ。セイイッパイ書きますが、とても見えにくく書きづらいのです。

○

さて、九月四日づけの今日いただいた手紙の全文について感ずるまま、信ずるままを書かせてもらいます。

○

まず、「南無阿弥陀佛」と書いてくれてありがとう。「ナムアミダブツ」とは、如来さま、ジキジキの私えの「呼びかけ」のお言葉ですから、「南無阿弥陀佛」と書いてくれているると実にありがたい。

『念佛詩抄』四十四ページ、

「見せて下さる」
ナンマンダブツ
ナンマンダブツ
〈口から現われる
ナンマンダブツさまは
汝の助かる法は
これであるぞ
と見せてくださるのじゃ〉
とあるが、
ナンマンダブツは
〈汝の助かる法は
これであるぞ〉
というお言葉であり、

ナンマンダブツ
これ一つぞよ

というお言葉で、それを、手紙の一番はじめに、紀さんが書くようになってくれて、ホントーにうれしくありがたいことです。

紀さんは、自分でピッタリしないことをよい加減に書く人間でなく、その時、その時のアリノママを語り書くので、とても安心して「これが紀さんの今の気持ちだなァ」と、よくわかって、ありがたい。

アイマイなことは、正直に、アイマイに書くので、よくわかるので。

○

さて、**「幾度もお便り有難うございます」**とあるが、忙しい間、間にはさんで、書くのでまとまったことは書けず、相すまんことです。

○

さて、**「こちらはまだまだ日中は暑い――」**とのこと、北陸のこちらも、その通りで、今も暑い。クーラーがほしいが、今日はまだ入れてくれない。

「お身体の方いかがですか」

カラダの方は、全快はしないが、悪いといってもこれ以上よくならんようで、よくならん方としては最高にいいのです。心臓の方は、この春、病んだ「たんのう炎」の方は五月末退院後、月一回ぐらいづつ、X線写真をとってくれますが（八、九枚）、まだ、タンノウに「砂」があるとのことで、いつ大爆発して、腹部に大劇痛がおこるかわからないので、入院用のモノをチャンと用意して、ヘヤの外のベランダにおいてあります。スグに入院出来るように。いつも急に入院するので、入院時に持ってゆくもの、ツクルのに大変なので。しかし、心臓、タンノウエンでも、自覚症状ないので、喜んでいます。

○

さて、「ご信心」のこと。

㈠如来廻向の信ということは、凡夫の方からの信心を否定し、又、信ずる力の無き者と知らせ給う。

その通りですねェ。

普通に「信心」というと、このタノミにならぬ「凡心」「凡夫のココロ」を、はたらかせて、如来とか、本願とか、念佛とか、を「信じる」ことのように思っているが、それは「信心」でもなんでもなく、それは「凡夫の思い」にしかすぎないのですねェ。そ

こを香樹院師は

往生不定というのも　凡夫の思い
往生一定というのも　凡夫の思い
その二つを捨てて、
ミダをタノムのじゃ。

とおさとし下さっている。御縁にあって、自分のココロで、自分のことを「往生不定」と思ってさびしがる、又は「往生決定」と思って、よろこぶ、その二つとも、「凡夫の思い」であって、「御廻向の信心」ではないから、香樹院師が

その二つを捨てて
「往生不定」と思う、思い
「往生一定」と思う、思い

にこだわるココロをすてて、そんなものは、真実信心でもなんでもない。凡夫の一時的な思いにしかすぎないから、そんな凡夫の思いにとらわれて、信心いただいたの、いただけんのと、さわぐ。そのトラワレを見限り捨てて、信心とは、そうした「凡夫の思い」をタノム、タノミにすることではなくて、「ミダ」をタノム、「如来を」タノム、

「本願」をタノム、「弥陀大悲の誓願」をタノミにすることが、「信心」であるぞよ、と、教えて下さっているのですが、イワユル「凡夫の思い」を信ずる、ニセ信心を、信心のように思って、「いただいたの」「いただかれんの」などと、さわいでいるが、それは、ムダゴトで、凡夫の「ココロ」は、かわり通しで、「虚仮不実」であるから、そんな不安定なものをタノミにすることを止めて、弥陀の真実を、弥陀大悲を、ミダを、如来を、タノミにせよ、

とのオサトシなのですねェ。

○

それで、如来廻向の信ということは、凡夫の凡心をはたらかせて信ずるというような「自心建立の信心」ではなくて、如来廻向の信とは、

「信心の智慧」と御和讃ある如く「如来の智慧」「佛智」そのもの、「如来そのもの」が、我らが虚仮不実の凡心と向こうから一つに、「佛心凡心一体」と一つになって下されて（この虚仮不実の凡心とハナレナクなって下さって）、その如来そのもの、如来のお智慧そのもの、即ち「如来廻向の真実信心」によって、

凡夫のココロからおこす自心建立の信心は、虚仮不実で、ホンモノではないぞよと、

否定し、ワレ〳〵凡夫には、生まれながらにして、「真実信心というような、信心の智慧」というような殊勝なモノはツユチリホドもないぞよと、知らせたもうのですねえ。
それで、「他力廻向の真実信心」という特別なものが、「如来」とか「本願」とか「大慈大悲」とか「佛智」とかいうもののホカに、あるのではなくて、「如来」とか「大悲心」とか「佛智」とか名づけられている「如来そのもの」が、「大悲心そのもの」が、「佛智そのもの」が、ワレ〳〵の「虚仮不実の凡心、煩悩妄念心」に向こうから、一体になって下さって、ハナレなくなるという一体であって、（この場合の一体はワレ〳〵の凡心、煩悩心が如来になり、大悲心になり、佛智になるというような一体ではなくて、ワレ〳〵の凡心と佛心とが向こうから、不離はなれなくなるという一体であって、凡心即佛心、凡夫即佛というような一体ではなくて、ワレ〳〵と離れなくなって下さるという意味の一体不離のことであること、よく承知しておかなくては、聖道門と同じようなことになる）
それゆえにこそ、
丁度、わが心中に鏡をいただいたようなものであって、ワレ〳〵の凡心と、佛智、如来という鏡がはなれなくなったオカゲで、その「鏡」を名づけて、ワレ〳〵の凡心と一つになってハタライテ下さる「如来」「佛智」「大悲」のことを、「他力廻向の信心」と名づけるのであって、そうした「如来・佛智・大悲心・願心」のホカに、別に「信心」という特別なものがあって、それを「いただく」というようなことではなく、「他力廻向の信心」とは、「如来」が「佛心」が「佛智」が、向こうより「我れに来たって」、ワレラが虚仮不実、濁悪の「凡心」と一つになって、ハタライテクダサル時、その「如来」「佛智」「大悲心」「願心」のことを、

他力廻向の信心

と、ただ、「名づけるだけ」であって、他力廻向の信心というような、特別なモノをいただくのではない、

「如来」「本願」「願心」「佛心」「佛智」というものが、ワレ〳〵の凡心と一つになってハタライテ下さる、それを「廻向のご信心」と名づけるのであって、そうした特別なモノが、如来のお手もとにあるのではない。

○

それをお説教で、

〈ご信心をいただく、ご信心をいただく〉

というから、「如来」のお手モトに、ナニカ「信心」という特別なものがあって、ソレを「いただくように」受けとってしまうのです。

それは聞法者が、わからんだけでなく、お説教する坊さん自身、先生自身が、「如来廻向のご信心」ということが、わからんから、結局そういうマチガッタコトになるのだと思います。

○

生きた他力廻向の信心、即ち佛智は、如来は、ワレ〳〵凡夫は、生まれながらにして、純粋に信ずるというようなココロのハタラキは全然ないということを知らしめ、ワレ〳〵のイワユル「信心」は、凡心からの「自心建立の信心」であって、ホントーの信心ではないということをハッキリと、知らせて下されるのが、そういうオハタラキを、

「如来の廻向の信心」というのでありましょう。

○

それで聖人は、『唯信鈔文意』に、

釈迦如来（弥陀如来といただいても同じコトなのでしょう。二尊一体ですから）、それで『文意』に、

釈迦如来、よろづの善の中より、
名号をえらびとりて、
五濁、悪時、悪世界、
悪衆生、邪見、無信の者に
与えたまえるなりと
知るべし

と仰せられているのでありましょう。

「如来廻向の真実信心」信心の智慧によりてこそ、この世は

五濁悪時悪世界
であると知らしめたまい、この身は、
悪衆生、邪見、無信の者、

と、知らしめたまい、

この者のために、名号をえらびとりて

与えたまえるなり、
と、それら一切、「如来廻向のご信心」に依って、信知せしめて下さるのであって、この如来廻向の信心がなくては、
以上のこと、特にわが身は
悪衆生、邪見、無信の者、
であるとは信知することができぬことでありましょう。
『教行信証』信巻の信楽のところ拝読申しても
真実信心とは、どういうものか、
衆生に「信なし」とわれ〳〵の信を否定されていること、よくわかりましょう。

○

お手紙の
㈠如来廻向の信心ということは、凡夫の方からの信心を否定し、又、信ずる力の無きものと知らせ給う
とあるは、その通りであろうというほかはありません。

○

それで、もう十二、三年も前の『念佛詩抄』二十九ページに、そのことを大体、

　ご信心
ご信心とは
弥陀の智慧
私が信ずる
それでない
「大信心は
　佛性なり
　佛性すなわち
　如来なり」
如来の智慧を
たまわりて
ナムアミダブツ
ナムアミダブツ

二十九ページ

信
信
信
信

大悲の願心
それこそが
信――
信
信
信
信

と、その当時、感じられていたままを〝念佛詩〟として書いたのでありました。

よくまあ、㈠まで体感させていただいたことで、ありがたいことですねェ。

○

信心は如来のもの
如来の心、大悲心、
お約束のこころが信心。
佛心のホカに信心なし。
つれていってやる
導いてやるとのお約束
丁度、親が、盲目の子の手を
ひいて下さって、我が家につれて
帰って下さるごとく、
親の導きの手が、
念佛ともいただかれます。

とあるが、『貞信尼物語』

六二。　手を握られたのじゃ

香樹院師、ある時、貞信尼に対しての仰せに、

『少しでも後生の一大事ということの思い知られて、念佛申すようになったのは、如来様に手を握られたのぢゃぞよ』と。

とあり、ワレ〳〵が、「生死出離」がいささかでも問題になり、その上、称名念佛まですようになったのは、自分では、気がつかぬが、「如来様に手を握られた」からのことであり、こうして如来様に「ナンマンダブツ　ナンマンダブツ」と手を握られたからには、如来様のつれていって下さるところに、行くホカは無いのでありましょう。

○

紀さんのお手紙の㈡は

信心は如来さまのもの、如来の心、如来の願心、大悲心、お約束の信心、佛心のホカに信心なし

でしたねェ。紀さんの手紙の通りですねェ。

信心は佛心そのもの、如来そのもの

なんですねェ。

「佛心とは大慈悲これなり」とある「佛心」そのものが、「如来そのもの」が向こうから、濁悪迷妄のワレラの凡心、ワレラと一つになってはなれないで、日々夜々、ねてもさめてもへだてなく、「大悲無倦照我」と、ハタラキにハタラキたもう。

如来の、この身、このこころ、このくらしに日々、生きてハタラキたもう、その如来、佛心が「ワレとはなれず、ハタラキたもう」、その生きたオハタラキを、「真実信心」というのである。

十　念佛も信心も如来廻向

一九八三年九月九日付

無相

五十八年九月九日(金)

さて、今日は、お手紙の㈢について、返事書きます。㈢は大分長いが。

〈如来の願心、大悲心がこの凡心にはなれずに働いておられるお姿を信相というのでなきやと思われます。〉

「信相」というのか、どうかは、真宗の学問教義を大学で学ばないので知らないが、そういうのかもわかりませんね。

それはともかくとして、

如来の願心、大悲心、もっというと、如来そのもの、佛心そのもの、如来の願心、が、向うから、ワレ〳〵煩悩、妄念の凡心に、ハナレナイという意味での「佛心凡心一体」となって、ハタラキたもうとき、これを、「真実信心」と名づけるようですねェ。

真実信心というナニカ特別のものが、如来、佛心というモノノ、ホカにあるのではなく、如来そのもの佛心そのものが、ワレ〳〵の凡心に向(むこ)うから一つになってくださって、ハタラキたもうことを、「佛心、凡心、一体」「佛凡一体」といい、この場合、「如来」「佛心」のオハタラキを名づけて「他力廻向の信心」とか「如来廻向の信心」とかいうようですねェ。

「信心」という特別なものが、「如来」以外、「佛心」以外にあって、ソレをもらうのではなくて、「如来そのもの」「佛心そのもの」「願心そのもの」が、ワレラの凡心の一体、不離となって、凡心とハナレズ、生きて、ハタラキタモウ、ソレヲ「真実信心」とか「他力廻向の信心」とか、いうようですねェ。

佛心が凡心をはなれず、凡心にはたらき、照らしたもう。そこに廻向のことばがあると思います。

とあるが、そのトオリでしょう。

佛心（大悲心）が、凡心に向うから、一体不離になればこそ、

大悲無倦《むけん》常照我

とワレ〳〵の凡心を、常不断に照らしたまい、ワレ〳〵をして、自身の「機」、スガタ

を知らしめてやまんのでありましょう。
それを「信心」といい、「信心の生きたハタラキ」でありましょう。「信心」とは「凡夫の信ずるココロ」というような静止的なものではなくて

大悲無倦常照我

と、常に生きて、ワレラの「機」を、常不断に照らしたもう、如来、佛心、大悲心のワレラに於ける活きたハタラキ

大悲無倦常照我

と常不断に、照らしたもう「活きたハタラキ」を「信心」と名づけるので、その「お照らし」を凡夫の方から「如来廻向の、如来真実の、真実信心」といただくのでありましょう。

それで、佛心が凡心とはなれず、佛心凡心一体不離に、現実に活きてハタラキたもう、それは「如来廻向である」といただかざるを得ぬ、「如来廻向」とあおがざるを得ないのではあるまいか。

「如来の廻向」によらざれば、向うから、如来の御廻向によって、大悲無倦に、常不断に照らされることなくしては、この「無佛法者」の凡夫が「我が機」を「我が機」と

知ることが出来ない。

この愚悪の凡夫が、自身を「愚悪の凡夫」と知ることは、愚悪の凡夫のチットやソットの反省や内観といった程度のことで知ることは出来ない。愚悪の凡夫が、「我が機」は愚悪の凡夫であり、「地獄一定すみか」の、「無信心、無佛法」の「無有出離之縁の機」であると信知することが出来るのは、これひとえに「如来そのもの」「佛心そのもの」「大悲そのもの」「願心そのもの」が向うから、この「愚悪の機」「無有出離之縁の我れ」と一体不離となって（即ち、他力廻向）

大悲無倦常照我

と照らしたまえばこそ、

愚悪の機

地獄一定の無有出離之縁の機

三定死の機と

思い知られるのであって、
「如来そのもの」「佛心そのもの」「大悲心そのもの」の廻向、即ち、真実信心の廻向無くしては、凡夫が凡夫と知ることができない、地獄一定の無有出離之縁の機と信知す

ることが出来ない、
如来の真実信心の御廻向のオハタラキ無くしては、
このような「無有出離之縁の機」は「ただ念佛のホカナイ」と知ることが出来ない。
又、他力廻向、如来廻向の真実信心に依らざれば、如来そのもの、佛心そのもの、大悲そのもののお力に依らざれば、無有出離之縁の機を無有出離之縁の機と知ることが出来ないと同時に、こうした我からの「往生出離之道」は、
ただ念佛よりホカナイということを知ることが出来ない。
さらに
「機」は「助からぬ機」
「法」は「助けたもう法」
と知っても、
その「法」をタノム、信ずる、その「法」にはからいなく任せるということが、他力廻向、如来廻向の真実信心のハタラキに依らざれば、凡夫のハカライでは、絶対に不可能なのである。
それで、「堕《お》つる機」を「堕つる機」と知ることも、「お助けの法」を「お助けの法」

と知ることも、「堕つる機」が「お助けの法」を信じ、タノムということも、ハカライなくマカセルということも、スベテ他力廻向の信心、如来廻向に依らざれば不可能なのである。

この生まれ乍《なが》らにして、無佛法、無信の者のハタラキでは、絶対に不可能なのである。それらのスベテは「如来そのもの」佛心そのもの、大悲心そのものの向うからのオハタラキ、即ち他力廻向、如来廻向に依らざれば、ワレ〳〵凡夫としては不可能なのである。

一席の法話を聞くことも、一ト声の称名を称えることも、こうして御法について、文通出来ることも、ワレ〳〵愚悪の生まれながらにして無佛法、無信のワレラの力では不可能なのである。

その「不可能」が、はからずも、出来る、可能であるところに「如来廻向」「他力廻向」と言わざるを得ぬのである、そういただかざるを得ないのである。

○

そこのところを紀さんは、

㈢において、

如来の願心、大悲心が、この凡心に　はなれず、凡心にはたらき、てらしたもう、そ

ここに廻向のことばがあると思います。凡心の、出離之縁なきことを、知らしめ、如来の誓いをたのましめる　ハタラキとしてハタラキたもうということ

と紀さんは書いて来ている。

その通りだと思います。

それで「生死出離」のスベテ、一切合切が「如来そのもの」「如来廻向」のオハタラキに依るので、ワレ〳〵凡夫の手を出し、足を出すところは、ツユチリほどもないのであって、ワレ〳〵としては、

如来聖人の仰せのまんまに

ただ念佛せよ、のお勅命のまんまに

ナニノ文句も、リクツもなく、ココロのことは、さておいて、ただ口に、声に、オーム念佛、発音念佛をするばかりのことで、ワレラの力、ハタラキとしては、ナニ一つないのである。その、勅命を勅命としていただき、勅命のまんま、

ただ念佛申す

ということも、ワレラのハタラキにあらずして、如来廻向のオハタラキによってただ念佛申さるるのであって、

ただ念佛
オーム念佛
発音念佛

というも、「我が力」「我がハタラキ」でなく、どんな念佛にしても、「如来廻向」なくしては一ト声も称えられないのである。

『歎異抄』第六条かに

ひとえに弥陀の御もよおしにあづかって念佛申しそうろう

とあり、第十一条に

念佛の申さるるも如来のオンハカライ

とあるは、イワユル、「信の念佛」だけのことではない。「不信の念佛」であろうが、「ウタガイの念佛」であろうが、「カラ念佛」であろうが、「フロ念佛」であろうが、いかなる念佛といえども、

如来廻向でない念佛は、一ト声もないのであります。

これを知らしむるも、如来の廻向である。

そこで、どうしてそういうことになっているのか。どうしてすべてを、「如来廻向」

といえるのかと言えば、
それらのスベテは、如来の大慈大悲心によって、
「若不生者　不取正覚」と、
「三心十念　若不生者不取正覚」「必ず念佛の衆生をして」というより前に、
「必ず、逆謗センダイの者も、念佛の身にせしめて、浄土にて〈この世にではなくて〉正覚の身たらしめねば、おかぬ」とある
念佛往生の誓願力によって、浄土にまいらしめ、念佛往生の身は、引入せねばおかぬとの、如来大悲の念佛往生の誓願力のお力、如来大悲の誓願力によって、「引入」せしめられるのであろう。
本願念佛の境へ、如来浄土へと——

○

ここで、紀さんの今回の手紙の最后に書いてある、「引く」「招引」とある聖人のお言葉が、聖人、御体感のお言葉としてありがたいのである。
『浄土文類聚鈔』に
「聖《しょう》・権《ごん》の化益《けやく》、偏《ひと》へに一切の凡愚を利せんがために、広大の心行、唯、逆謗闡提《せんだい》

を引かんと欲《おぼ》してなり」
とあるという。
あった、あった。
今、見えぬ目ながら、明治書院、聖典の四十一ページを見るに
「宗師、往還《おうげん》大悲の廻向を顕示して、オンゴンに他利・利他の深義を利せんが為に、広大の心行、唯逆悪、闡提を引かんと欲《おぼ》してなり。」
一度、拝読したのか丁度ここのところに傍線が引いてあるが、それは、特に「引かんと欲してなり」に心ひかれてではない、その時は。
さらに、紀さん曰く、
といわれ、「引く」とのお言葉、あるいは「悲引」とのお言葉、招引(行巻)もあり、「引く」というおことばを有難く思っています。「大般涅槃に至らしめたもう——」(唯信鈔文意)
「名号を称えんものをば極楽へむかえん」ということは、名号を称えるものをすぐここに悟らせるということでなく、光明世界にかならず、「招き引く」すなわち「つれていってやる」「導いてやる」とのお約束。丁度親が、盲目の子の手をひいて(引いて)

下さって、わが家につれて帰って下さるごとく、親の導きの手が念佛といただかれます。

とあり、まことにまことに「引く」のお言葉ありがたく、お念佛はまことに、その浄土引入、無量光明土、大涅槃界への「引入」「悲引」の、親の導きの「お手」でありましょう。

名号には「きっと必ず汝の心を世話し、ひきうけて光明世界へ引きつれていってやる」のお約束がかかっているとのことではないかと思われます。

とあるが、それが即ち

乃至十念　若不生者　不取正覚

の如来法蔵さまの御誓いでありましょう。

お約束がかかっているとのことでないかと思われます。

どころではなくて、

乃至十念　若不生者　不取正覚

が、如来のイノチをかけたお約束、御誓願であり、これなくしては、如来は如来たり得ないことでありましょう。

○

そういう意味では、
メクラの子は、目アキになってからではなく、メクラのまンま、目アキの如来に
ただ念佛、
と、「手を引かれて」、「生死出離之境涯」、無量光明土に、まいらせていただけるのであ
りましょう。
今生、ただ今でなく、
臨終一念の夕べ、大般涅槃を超証す
で、「来生の開覚」で、充分なので、御信心いただいたら、ソコが、「成佛だ」、「悟り
だ」と言われても、このような「地獄一定すみか」の身は、かえってこまります。
『歎異抄』第十五條に、
来生の開覚は、他力浄土の宗旨、信心決定の道なるが故なり、
でいいのでありましょう。
「信心いただいたところがサトリである」今の若い人は言いたがり、先生、講師まで、
そう言いたがり、それが真宗の「現代的解釈」と得意になって、「現代がっている」が、
あれは、実質的には『歎異抄』における

誓名別信系の知識的、観念的、哲学がっている「異安心者」、というよりも「無安心者」の言うこと、教えることで、ワレ〳〵の、実際に即しません。

『歎異抄』第十五條の最后に、

浄土真宗には、

「今生に本願を信じて、彼の土にしてサトリをば開くとならい候うぞ」

とこそ、故聖人の仰せには候いしか。

と唯円房は、言っているが、この通りだと思います。

さて、今回の手紙、とうとう五十になりました。もう「目」も「腰」もつかれましたから、これでやめさせてもらいます。

◯

今回の紀さんの手紙、「真実信心」とは、どういうものか、ということについてのお領解、まことにまことに、うれしくうれしく、ありがたく拝読しました。

この「真実信心」こそは、善導さまのいわれる「二種深信」の「二種一具の真実信心」でありましょう。

さればそくばくの業をもちける身にてありけるを（信機）たすけんとおぼしめしたち

ける（念佛往生の）本願（法）のかたじけなさよ、
はそのまま、「二種一具の真実信心」よりのお言葉ですねェ、
これ即ち「ナムアミダブツ」「ただ念佛」のホカないことです。

〇

今、愚悪のワレラの口に、声にのぼりたもう、「お念佛」は、智慧の念佛にてましま
す故に、智慧即ち佛智、佛心、如来の念佛にてましますす故に、ナニゴトも、
不審あれば、
問題をもったまンま、
念佛しておれば、
智慧の念佛さまなれば、
お念佛さま、そのものが、ワレラの「不審」も、オノヅカラ、解いてくれましょう。

〇

一蓮院がある夜、香樹院師のところに行きしに、
香樹院師曰く
「お前もう、アチコチ聞き歩かずに家に居て念佛申していなされ」

と申された由。

いよいよとなれば、ヒトリ居て、念佛聞思、称名聞思することが大切と思います。人師といえども、皆「死んでしまうモノ」で、結局は「自分一人」となることであるから、最後的には、かの土まではなれないお念佛様によって、不審は、問題は、世間・出世間の問題ともに、念佛聞思させていただいて、智慧の念佛さまに、お聞かせいただくのが最高、最上だと思います。

もちろん、聖教、聖典、聖人、先徳の『語録』に聞くこと、又、大切ですが、人間は皆、死んでしまうもの、アテにならぬものゆえ、本願念佛、智慧の念佛、如来の念佛、お声の親さまをいただけば、「念佛聞思してゆくが」ギリギリの「道」と、思われることです。

○

それゆえに聖人は、
ミダ大悲の誓願を
深く信ぜんヒトはミナ

ねてもさめてもへだてなく
ナムアミダブツ称うべし
とおさとし下されたのであリましょう。
この御和讃を何十年という間、
称名念佛の「強要」「強制」の如く、キュウクツに感じていましたが、
単なる念佛の「強要」「強制」でなく、
「ねてもさめても称うべし」
は、如来大悲心よりのお言葉であり「如来大悲」なのであります。

○

今、丁度、「午前三時」、今朝は、
○時半から、丁度、二時間半、書き、つかれました。これから二時間、ウトウトと、
してから病院ユキの準備します。

今回のお手紙まことにありがとうございました。

こうして書くことは、ヒトのためでなく、私が書いて御縁にあうのです。真由実ボサツにおよろしく、元キに長生きして下さいよ。では。

ナムアミダブツ、ナムアミダブツ、
ナムアミダブツ、ナムアミダブツ、

合掌

十一　凡夫の思いに用はない

一九八三年九月十七日付

無相

五十八年九月十七日(土)

さて、今回の紀さんの手紙、八枚。受取りました。

ありがとう　ありがとう　「佛智疑惑」を中心にこれだけアリノママを書いてくれて。

「小生、今年六月頃より、何か今までのハレモノが引いたように聞法上の苦がなくなってしまいました。信心が得たい、ハッキリさせたいと焦り、もがき、もだえていた気分が無くなってしまったようであります。将来、又、もがき苦しむかもしれませんが」

とのこと。

○

「将来、又、もがき苦しむかもしれませんが」とあるが、それは、又、その時のこと、今、そうでなければいいでありませんか。

ただし、オタガイ、凡夫というものは、「よろづのこと、ミナモテ、ソラゴト、タワゴト、マコトあることなし」で、ナニが、イツ、ドウカワルか、わからないので、ナニがドウアッテモ、チョットモアテにはならないことですよねェ。「因縁次第」でどうにでもかわってゆく。

ワレ〳〵のイワユル「ココロ」というものは、「オモイ」というものは、チョットモ、「アテ」にならない。今、「苦がない」と思っていたら、又、苦が出てくる。

このオタガイの「ココロ」「オモイ」というものはチョットモ「アテ」にならぬ。「マコトあることなし」だから、香樹院師が

往生一定と言うも凡夫の思い、

往生不定と言うも凡夫の思い、

その二つをすててミダをタノムのじゃ

と仰せられるのでしょう。

ワレ〳〵凡夫が

信じたと思っても、

これでこそ往生出来ると思っても、

この凡夫の思いというものは、固定的でなく、又、かわるからアテにはならない。ウタガッテイテモ、又、信じたような気持ちになり、大丈夫なような気持ち、思いになったりするので、ワレ〱オタガイの、凡夫の、「思い」、凡夫の「カンがえ」、凡夫の「感じ」として、

往生一定と思い、

往生不定と思っても、

チョットモ「アテ」にはならない。因縁次第でどうにでもスグかわる「ココロ」だからであり、「思い」だから、それで

往生一定と言うも凡夫の思い、

往生不定と言うも凡夫の思い、

そうした凡夫の思いをタノミにすること、凡夫の思いをば、ヨロズノコト、ミナモテ、ソラゴト、タワゴト、マコトアルコトなしと、見すてて、タダ、タノムベキは如来である。「タダ、如来をタノミにせよ」と香樹院師は仰せられるのであろう。

ただ念佛のみぞマコトにておわします

であろうから。

○

さて、そこで、往生一定と思うも、凡夫のアテにならぬ思いにすぎなく、往生不定と思うのも、凡夫のカワリヤスイ「思い」のヒトコマにすぎないから、そうした凡夫の思いにコダワルココロ、思いに相手にならず、

ミダをタノメ

というが、それなら、この場合の「ミダをタノム」とは、どうすることか、と言えば、

「よき人の仰せ」

「ただ称えよ」

との如来のお勅命のまンまに

ただ、声に、口に

ナムアミダブツ

ナムアミダブツ

と称名念佛申す、称える――

自分の「ココロ」は、

信じようが、
信じまいが、
ウタガオウが、
ウタガイはれまいが
聞こえようが、
聞こえまいが、
そうした「凡夫のココロ」は、そのままにしておいて、相手にならず〈相手にならずにはおれないとしても〉それはそのままで、ただただ
「よき人の仰せ」のままに、如来の
ただ念佛せよ
の「お勅命」のまンまに、
ただ声に、口に、
ナンマンダブツ
ナンマンダブツ
と称える

オーム念佛
発音念佛
することが、この場合、
ミダをタノム
ということでありましょう。
タノミ「ゴコロ」というような「凡夫の思い」は、どうあろうと、
相手にならず、
ただ「仰せのまンま」に
口に、声に、
称名念佛申すこと、
これが
「ミダをタノム」
ということでありましょう。

○

往生一定というも　凡夫の思い

往生不定というも　凡夫の思い
この二つをすてて　ミダをタノムのじゃ
との香師のオサトシ。言いかえると、
往生一定と思うなら、往生一定と思う思いを御えんとして
ただ念佛せよ
往生不定と思うなら、往生不定と思う思いを御えんとして
ただ念佛申せ
大切なことは、如来・聖人の仰せのまンまに
ただ念佛申す
ということが大切なことであるのだよ、
信じられたとか
信じられぬとか
うたがわれてならぬとか
ウタガイ晴れたとか
聞こえたとか

聞こえません
とかいう「凡夫の思い」「凡夫の心」に関することは、
往生の用はないぞよ、
ただ念佛のみぞ往生の道にてまします
ただ如来・聖人の仰せのみぞ、
白道にてまします、マコトにておわします
ということではありますまいか。

○

それで、「今」、「信心が得たい」の、「ハッキリなりたいの」という苦が、モガキが無ければ、アリガタク、又、「先き」になって、又、「苦」が、「モガキ」が出ようが、それは、又、その時のことで、よいではないですか。
ただ念佛のみぞマコトにておわします
であり、
ただ念佛せよ
の「仰せ」「お勅命」だけが、マコトにてましますのであり、「マコトにておわします」

という様な「思い」も、どうでもよいことで、
　ただお念佛申させていただけ
のことでありましょう。
　仰せのまンまにお念佛申していたら、たしかに、「しかし、はたして、まいれるか、まいらせて下さるのだろうか」の確認、凡夫、ワレラとしての「確認」たしかめは、いらんのでないだろうか。
　如来に、
「若不生者不取正覚」という、「如来さま」の方に、「確認」「確信」があれば、「如来さまのお手許がハッキリ」してさえおれば、凡夫の方の「確認」や、「念佛申しておれば、キット、まいらせて下さる」というような、凡夫の確信、凡夫の方の「ハッキリ」は用がないのでなかろうか。

○

　ワレ〳〵凡夫の確認や、確信や、ハッキリは、因縁次第でかわるので、いくら、「確認」しても「確信」しても、「ハッキリ」なっても、最后のタノミには、決してならない。凡夫に属することは、「身口意」の三業に、どれだけ、「アリガタイコト」「タシカ

ナコト」があらわれても、それは、所詮、
ヨロズのこと、みなもて、ソラゴト、タワゴト、マコトあることなし
であるから、「ヒッキョウ依」とはならない。
ただ念佛のみぞマコトにて、おわします。
ただ如来、聖人のお勅命、仰せ、のみが、マコトにておわします、
で、そう思う凡夫の思いはタノミにならないものゆえ、
「その二つをすてて、ミダをタノム、仰せをタノム、お勅命をタノムのだぞ」
といっても、「タノム、思い」をタノムのではなくて、仰せのままに、ただ念佛せよの、
お勅命のまンまに、凡夫の思いにこだわらず、むしろ、凡夫のいろいろな思いを縁とし
て、
ただ「仰せ」のまンまに、お勅命のまンまに、ただ声に、口に、オーム念佛申す、発音
念佛申す、
以外の「ミダをタノム」ということも、無いのであるまいか。

○

ここで、紀さん、もう一度、サダ女の

私はどうも信じられませぬ。ウタガイ晴れませぬ、聞こえませぬが、いかが致しましょう。
に対して、香師が
「そのまま、称えるばかり」
と仰せられたことを、思い出して下さい。

○

「仰せ」のまンまに
ただ念佛せよの
「お勅命」のまンまに、
ただ口に、声に、お念佛、申させていただくということが、何よりも大切なことであって、
信じられるとか、
信じられぬとか、
ウタガイ晴れたとか、
晴れませんとか、

聞こえたとか、
聞こえませぬ
とかいうような、
ワレ〳〵凡夫のココロ、凡夫の思いに、属することは、どうでもよいことであり、又、どうでもよくないことであるにしても、ワレ〳〵には、どうしようもないことではありますまいか、
ワレ〳〵の「ココロ」「思い」が、どうあるにしても、詮ずるところは、
「よき人の仰せ」
「如来のお勅命」
「乃至十念　若不生者　不取正覚」
の御誓願のまンまに、
ただ念佛申す、
より、ホカないのが、ワレ〳〵の「現実」ではありますまいか。

○

「又、もがき苦しむかも知れませんが」

とあるが、その時は、又、その時の因縁のままに、「もがき苦しんでも」、結局は、又、

　ただ念佛

に帰るホカないことでありましょう。

○

　「果遂」の誓いというのは、

自力より他力へ

という場合、いわゆる入信の時だけの、一回だけの、

「オハタラキ」だけでなくて、

臨終一念の夕べまで、如来の果遂の誓願力にお世話になるホカないのである。

一生涯、如来の「果遂」の「誓願力」に、お世話をかけて、迷うては、引きもどされ、疑うては、本願念佛に立ちかえされて、一生を、すごさせていただくホカはないワレワレ凡夫であるのではあるまいか。

○

　ワレ〳〵凡夫のそうした、「佛智疑惑性」も「逆謗《ぎゃくほう》・闡提《せんだい》性」も「地獄一定性」も、全部、ワレ〳〵凡夫の「凡夫性」の一切をお見のがしなく、知りぬききって、見ぬき切

っての上からの「念佛往生の誓願」の御建立なので、それで「念佛成佛」と、如来法蔵さまが、御決定までに、五劫もかかったのではありますまいか。それほど「手におえぬ、ワレ〳〵の凡夫性」なのでありましょう。

○

今さら、ワレ〳〵が本願をウタガオウと、逆謗・闡提の本性、自性を、チラチラあらわそうと、如来、法蔵様におかれては、スデに十劫の昔にそれらの一切を、つぶさに、見抜き、知りきっての上で、「念佛往生」の誓願を

建立無上殊勝願

と、建てられたのであるから、言わば、母親のチブサを赤ン坊が、噛《か》むようなもので、母親からみれば、「やっとるやっとる」というようなもの、「佛智疑惑」するほど「ウタガイの歯」「逆謗・闡提の歯」が生えたようなモノで、母親はチブサを噛むようになったコドモの成長を、よろこんでいられるかもわかりませんよ。

○

ほとんどの聞法者は、僧俗ともに「佛智疑惑」の歯が生えるところまでいかないところで「ありがたい、ありがたい」と口でいっているだけで、「佛智疑惑」まで、佛法に、

ふみこませていただいていないので、「佛智疑惑」まで来れば、『疑惑和讃』の最后に
佛智うたがう罪ふかし
この心、思い知るならば、
悔《く》ゆる心をムネとして（縁として）
佛智の不思議をタノムべし
とある如く、しかしその「佛智フシギをタノム」ということも、「佛智フシギ」から、
建立無上殊勝願
と、ワレラのために、
建立して下さった
「念佛往生の誓願」
「念佛成佛これ真宗」
の御誓願のまンまに
ただ念佛申す
ことが、
「佛智のフシギをタノム」

ということであって、
ただ念佛申す
仰せのままに、
お勅命のまンまに
ただ念佛申す
ということのホカに別に
「佛智をタノム」
ということは、ナイことでありましょう。

◯

「佛智フシギをウタガウ」ところまで、出させて、いただけたことは、ありがたいことですよ。

佛智うたがうつみふかし
この心おもい知るならば、
悔ゆる心をムネ（縁）として、
佛智のフシギをタノムべし

「ナムアミダブツ　称うべし」
との、御こころ。帰するところは、
ただ念佛にあり。

『貞信尼物語』の中に、三河のお園《その》同行の次のお歌あり、よくよく味わわれたし。
『貞信尼物語』

○

九八、お園の詠《よ》んだ歌
お園の詠んだ歌の中に、疑（ウタガイ）の歌とて、

疑いよ
ここ聞きわけて
去《い》んでたも
そちが居るゆえ
信が得られぬ

疑いに
ここをのけとは
無理なこと
ムネ（胸）をはなれて
ドコに行きましょ

疑いよ
是非ゆかぬなら
そこに居よ
ソチにかまわず
信をとるべし

疑いは
どこに居るかと
問うたれば

かわりに出てくる
念佛の声

これは、まことにありがたいお歌です。

① 我がムネのウタガイに、「どうか、このムネから去ってほしい。お前が居るから真実信心が得られぬ」

と言うたら、ウタガイの曰く、

② このアナタのムネから、私は、ここをのいてくれ、去ってくれとは、ムリなことを言うものである。アナタのムネからどこにも行きようがない。

そこで

③ ウタガイよ。どうでも、オレのムネから、去らないというのなら、かまわないから、オレのムネに頑張っておるがいい。オレはお前なんか相手にしないで、お前が居てもよいから、よき人の仰せのまま如来のお勅命、をそのままいただく、と私が、わがムネのウタガイは相手にならず、そのままで、よき人の仰せ、如来の勅命を信じたら、ウタガイのスガタは見えなくなって、ウタガイのかわりにお念佛が出たとのこと。

④ ウタガイは、どこに居るかと問うたれば、かわりに出てくる念佛の声
とのこと。

◯

紀さん、これでも思いあたるではないですか、サダ女の
信じられません、ウタガイ晴れません
に対して、香師は、
ソレハイケナイ
信じなさい、
ウタガイ晴らしなさい
とは言わずして、
そのまま
称えるばかりでお助け
そのホカにナニモイラヌぞよ
と、申された——。
ということ。

ワレ〳〵凡夫の
信じられたとか、
信じられない、とか、
ウタガイ晴れたとか、
ウタガイ晴れぬ
とかいう
凡夫のココロ
凡夫のオモイ
凡夫の「念《おもい》」には
用が無いのである。

ただ、大切なことは、
「よき人の仰せ」
「如来の勅命」のまンまに、
本願念佛を執《と》るということ、

○お念佛申すということが大切なことなのです。

ここで、『観経』の下品下生の次ぎの経語を、思い出して下さい。下々品のところを開いて、読んで下さい。

大切なところ。

「善友告言、汝若不能念者、応称無量寿佛」

とある。

善友告げて曰く。

「汝、若し、念ずること能わずば、まさに無量寿佛を称すべし」

と。

ここで、善友即ち善知識（よき人）の仰せに、

「お前、ココロに阿弥陀如来のお徳やお慈悲やお助けのイワレを思うこと、（念ずること）が出来なければ、

それはそれでよいから、

ただ阿弥陀佛の御名を称えなさい。

ナムアミダブツ、

ナムアミダブツ

と称えなさい。
ココロに、念ずること能わざれば、
ただ口に、声に、
称名せよ、
との善知識、「よき人」の仰せ。

○

この『観経』下々品の善友「よき人」の仰せ、
汝若不能念者　応称無量寿佛
は、サダ女に
「そのまま称えるばかりでお助け、そのホカには、ナニモいらぬぞ」
と言われた香師のオサトシと同じことである。

○

『歎異抄』の第二条、叡山を降りて、法然上人のモトに教えを求めた親鸞聖人に、

「ただ念佛して、ミダに助けられまいらすべし」

と、法然上人、「よき人」が申されたと同じことである。

〇

善導大師さまは、第十八願の

乃至十念

のおこころを、よくよくいただかれて、

三心十念

を、

称我名号　下至十声　若不生者　不取正覚

と「加減の文」としていただかれた。

これは、

『大経』の第十八願の御真意を、

『観経』下々品の

汝若不能念者、応称無量寿佛

とあるところに、いただいての、加減の文ではあるまいか、

称我名号　下至十声　若不生者　不取正覚

のまンまが

三心十念
になっているのである。

○

さて、ここで、紀さんの手紙のはじめに、かえって、もう一度いただくと、

「小生、六月頃より何か、今までのハレモノが引いたように、聞法上の苦がなくなってしまいました。信心が得たい、ハッキリさせたいと焦り、もがきもだえていた気分が無くなってしまったようであります」

とありますが、それが六月頃のことで、それが七月三日の私への紀さんの手紙、**木村さんのイノチである「ただ念佛して」を一直線に歩みます。たとい、多くの人が、それを真宗でないと言っても。**

の手紙となったのでありましょう。

○

たしかにあのころから、それまでの紀さんとは、コロッとかわったのですねェ。**将来、又、もがき苦しむかも知れませんが。それと同時に、如来の親心というものが少し身に感じられてきたようであります。**

と、つづいて、書いてありますが、その通りだろうと、私にもわかることです。

◯

ところが、その次ぎに

ただ最近、佛智疑惑ということを問題にしております。多少とも、親心が、身に沁みて来たにも、かかわらず、ふと疑いの心が出てまいります。

「本当に、如来様は私を引き受けて、下さるのであろうか」と。

その時、少しあわてます。

しかし、以前のように、その途端にズブズブと暗黒の中に沈み落ちていくということはございません。

と、その「疑惑佛智」ブリをアリノママに書いていますねェ。こういうように、くわしく書いてくれると、遠くはなれていて、「問答」の出来ない私にも、よくわかってありがたいのです。

◯

ここで、紀さんのこの「問い」を、ちょっとはなれて、私の実際をアリノママに、書きますから、よく読んで下さい。紀さんは

「本当に、如来様は、私を引き受けて下さるのであろうか」

と、そのことが問題になるとのこと、その「思い」が問題になるとのこと。

ソコで、私の思うところ、感ずるところを、アリノママに聞いてもらいましょう。

○

たび〳〵書くが、私は、大正十三年（二十才）の十一月三十日の夜、フトしたことが縁になって、自己内面のスガタが一切に見せられ、自己内面のアマリの醜悪さに驚いて、この煩悩を断じてサトリが開きたいと、思い立ったのであります。（今から言えば、思い立たしめられたというホカないが）

さて、その二十才からいって今は七十九才、

「往生」のこと、「生死出離」に関してのことは、私には、もう〳〵、絶対に力の無いこと、私の力には及ばぬことであります。

ただただ「丸々引き受けて、シマツつけてやる」という、如来の、おおせのままに、如来の、よきようにしていただくのほかは無いことであります。

無有出離之縁の私にあっては――。

○

さて、紀さんの最后にこうあります。

信後にもこの私の心に、疑惑の心がおこるのでしょうか。そうすると、信後に疑惑がおこるとすると大変なことになります。まことに戸惑いの多い私であります。

とありますが、かりに、信後に「疑惑の心」がおこったにしても、おこるにしても、地獄に堕ちるより以上の大変なことはありますまい。

出離之縁あることなし、ということ、以上に大変なことはおこりますまい。聖人の『教行信証』の総序の御文に

若し、また此のたび、疑網に覆蔽《ふへい》せられなば、かえりて、また、曠劫を径歴《きょうりゃく》せん。

とあります。

信後に、疑惑がおこるとしても、また、モトの如くに、曠劫を径歴する以上の「大変なこと」は、おこりますまい。

○

『歎異抄』第二条に、

たとい法然上人にすかされまいらせて、念佛して地獄に堕ちたりともさらに後悔すべからず候。

その故は、自余の行をはげみて佛になるべかりける身が念佛を申して、地獄に堕ちて候わばこそ、「すかされたてまつりて」という後悔も候らわめ。いづれの行も及びがたき身なればとても地獄は一定すみかぞかし。

であありますゆえ、「地獄一定」は一定すみかであり、自性は、詮ずるところ無有出離之縁の、わが身でありますす故、たとい、法然上人、親鸞聖人、七高僧、釈迦、ミダに、だまされて、念佛して、地獄に堕ちても、やはり、出離の縁あることなしであっても、「それ以上の大変なこと」になりますまい。

紀さん、

信後に、疑惑が何百ペン、おころうとも、何千ベン、疑惑がおころうとも、所詮、自性は、地獄一定の自分であり、無有出離之縁の私なのであります。

「大変なこと」といっても、「地獄一定」、地獄ユキより大変なこと、出離之縁あること無し、より以上の大変なことはおこりますまい。

「信後にドレホド大変なことがおこっても、当然なこと」であります。地獄に堕ちればよいではありませんか。また、モトの如く、六道輪廻し、曠劫を径歴しても、よいではありませんか、モトモトそういう私なのですから。

ところが、弥陀に、

「摂取不捨の利益にあづけしめたもうなり」

の大慈大悲のお力があります。

○

信後にどれほど疑惑がおころうとも、どれほど迷おうとも、孫悟空が、もうここまでは、釈迦の力は及ぶまいと、思っても、釈迦の手から、一歩も出ていなかった如くに、信後にまた、疑惑が千返、万返おこっても、如来の摂取不捨の利益、如来の摂取不捨の御手から、こぼれ出ることは、出来ないのであります。

○

わかりますか。どれだけ、信後に、如来に背き、如来の本願を疑っても、もう、如来といえども、これだけ背けば、もうお見捨てであろう、これだけたびたび疑惑をおこせば、さすがの如来も、もう、私の自性にまかせて、地獄に落とすであろう、もういよいよ出離の縁あることなしであろうと、自分でいくら、そう思っても、如来の「摂取不捨のお力」から、もれることは出来ないのであります。

一とたび本願を信じ、

念佛申す身になれば――

○

また、如来の「果遂《かすい》」の誓いからいただいても、果遂の誓いは、

定散自力の称名は

果遂の誓いに帰してこそ

教えざれども（他力）自然に

真如の門に転入する

で、ご和讃の文面から、いただくと、

定散自力の称名から

唯念佛の真如の門への転入の時

ただ一回だけ「果遂」の誓いはハタラクだけのように思われるが、ソウデなく、一生、果遂の誓願力は、この業、煩悩の身にハタライテ下さって、千たび、万たび、「信後」に疑惑をおこしても、「果遂の誓願力」のゆえに、千たび万たびでも、真如の門に、徒《た》だ念佛、定散自力の信の念佛の身に転落しても、果遂の誓願力は、一生、根よく、その、果遂のお言葉通りに、この私を、疑惑佛智を晴らして下さるのであります。

一度び、「唯念佛の身にして下された」トコロに、帰らせて下さるのであります。千たびでも、万たびでも、親に背き、疑惑を「信後」におこしても、お見捨てはないのであります。

○

ソレは、二十九才で入信されたという聖人が、それから十年、二十年、経《た》ったアトでも、三部経を千部読誦して衆生を救わんとするような自力作善の心をおこされたとしても、「ああ、そうであったか」と、そのマチガイに、気がつかせて下されて、またモトの「唯念佛」の身に、立ちかえらせて下された如くに、それは、「摂取不捨の利益」からか「果遂の誓いのゆえ」か、その区別はわからぬが、「信後」に、疑惑を、千たび万たびおこしても、もうふたたび、六道輪廻の身になることは出来ないのではありますまいか。

○

念佛に本具するところの、四十八願の誓願力のゆえに、果遂の誓いのゆえに、摂取不捨の利益のゆえに、たとい信後に千たび万たび、疑惑をおこそうとも、信前の千倍万倍の「疑惑」をおこそうとも、ひと度、信じて念佛もうす身になれば、如来に、如来の仰せのままに「生死出離」をまかせ、ただ念佛申す身になれば、あるいは「信後」にどれだけ疑惑をおこそうとも、もうモトの六道輪廻の身になることは出来ないのではありますまいか。たとい、またモトのような、六道輪廻の身になっても、モトモトで、それ以上の大変なことはおこりますまい。

また、たとい、「信後」に、疑惑をおこして如来の「摂取不捨のお力」「果遂の力」及ばずして、またモトの、六道輪廻の身になっても、モトモトではありませんか。

「たとい法然上人にすかされまいらせて念佛して地獄におちたりとも、さらに後悔すべからく候」

で、

「たとい信後に、疑惑がおこって、摂取不捨の力も及ばず、果遂の願力も及ばずして、出離の縁あることなしの身になっても、さらに後悔すべからず候」

ではありますまいか。

○

紀さん、

イワユル信前のことも、信後のことも、信も、行も、ウタガイも、助かるも、助から

んも、ただよき人の仰せのままに、
ただ念佛申すより、ホカないのではないでしょうか。
「極重悪人唯称佛」
で、どうしようもない極重悪人の身は、「唯称佛」「称我名字」の仰せのホカ、又、仰せのままに
ただ念佛申す
ただナムアミダブツといただくホカは無いのではありますまいか。

十二　疑惑・無信の自性のまま

一九八三年十一月二日付

昭和五十八年十一月二日(水)　未明三時半
和上苑の二階の四人べヤにて。つづいての「腰痛」と「カゼ気」に仰臥しつつ。
半盲　無相

紀さん――

十月二十七日出のハガキ、①②と二枚、三十一日の午后三時ごろ受取りました。

○

九月十五日以後、三・四人の人に、五時間、六時間と一人一人法談相手したのが、大ムリになって、つかれこみ、カゼヒキ状態になって、それ以来、四十五日の今日までに、三回カゼをヒキ、三回とも熱が出て、ここ四・五日、やっと熱はとれたが、まだつかれはのこっていて、ねむってばかり。

「腰痛」、一寸よいかと思うとヒトが来て、三時間、五時間と起きて語ると、又、モトのモクアミ、くりかえしています。「腰痛」と「カゼ気」で、ねて、上むいて、こうして手紙書くと、首がコリ、肩がコッテ来て、このごろ手紙書くのがとても書きづらくなりました。「目」ますます悪く。

今朝も三時半に目がさめて、これ書きだしたが、二・三行書いたら、つかれで書けなくなり、ウトウトねむって（二時間）今、五時半。

○

お念佛にはげまされはげまされてやっと、又、ペンをとった。お手紙に。

私の心は佛の本願を疑う心、佛に反《そむ》く心ばかりの如くであります。佛に逆らい、佛から逃げようとし、佛の心に疑いの刃をつきつけている反逆児であります。

謗法、無信、疑惑の心であります。

とあるが、そうしたワレワレ凡愚の自性、本性は、十劫の昔にすでに、如来法蔵さまに、スミからスミまで、お見ぬきの上で、この者の生死出離御引き受けのために、五兆の御苦労のアゲクに、念佛往生の本願を建て、念佛を成就されて今、現に、すでにそのようなワレ〳〵に本願念佛として、アラワレテイテ下されているゆえ、ワレ〳〵は、その自性、本性のますますかわらぬままの根性そのままで、如来御催《おんもよ》おしのまンまにただ念佛申す、ただ念佛をいただいてゆくホカはないのです。

この悪性、疑惑の根性のまンま、ソックリと、本願念佛丸に乗せて生死出離せしめたもうとのことゆえ、

ただただよき人の仰せ、如来の「ただ念佛せよ」の勅命のまンまに、心はどうであっても、心は心に、まかせて

ただ口に

念佛申すばかりです。

どこまでいっても、これよりホカない。

本願を信じて、疑いなく念佛申そうなどということは「わが身のホド」を知らぬものの考えること。

オタガイは、そんな妙好人や信心の行者ではない。

悪衆生、邪見（疑惑）、無信の者ゆえ。

如来、お与えの、
如来、御催《おんもよ》おしのまま、
お念佛いただいて日々の名利、反逆の生活をするのみ。

○

われらにそれゆえ、
如来、
「オーム念佛」
「発音念佛」を
あたえたもうて、われらの「心」をどうせよ、こうせよとはおっしゃらぬのである。

○

ソンゴクウがどれほど逃げようとも、お釈迦様の掌からは逃げだせぬ如く、
ワレ〳〵がどれだけ反逆しても、疑っても、その者目当ての本願念佛ゆえ、本願念佛
からは、逃げ出せぬ。
結局は、
佛智疑惑のまンま

オーム念佛
発音念佛
にかえされる。
それは
摂取不捨のゆえにである。
どうしようもない、これは逃げることは出来ない。
ワレ〳〵が、大地上からはなれることが出来ないように。

○

お念佛は、
智慧の念佛であり、その智慧は、また如来廻向の信心の智慧（佛智）であるゆえ、
ワレ〳〵のこの濁悪佛智疑惑の心の底から、心の背後から、凡心の奥から、この凡心を
大悲ものうきことなく
常にてらしたもうて、
ワレ〳〵の根性、自性、本性は、永劫にかわらぬことを知らせたもうのである。
「これは」如来佛智の

「機の深信」という。

この「機の深信」によって、

「オーム念佛、発音念佛のホカなし」

と、お念佛にかえらしめるオハタラキを「法の深信」という。

如来廻向のこの機法二種の深信によって、ワレラは「わが機」を知らしめられ、「念佛」を知らしめられ、称えしめられ、念佛にかえらしめられるので、

「わが心の佛智疑惑、反逆の心、ますます止まざることを知らしめたもう」も、御廻向の「佛智」のオカゲなのである。

わが反省や内観の力ではない。

〇

他力廻向の信心のフシギである。佛智疑惑、反逆のまンま、すでに佛智の信心をいただかしめられているのである。

その証拠が「今、称えられる念佛」である。

〇

つかれて、もう書けないので、今朝はこれだけにて。

真由実さんによろしく。

ナムアミダブツ　ナムアミダブツ
ナムアミダブツ　ナムアミダブツ

合掌

五十八年十一月二日　水　朝六時

（追記）

くわしくは、念佛称え称え、念佛そのものに聞くべし。

十三　仰せのままに称えるだけ

一九八三年十一月七日付

昭和五十八年十一月七日(月)
未明三時四十五分
和上苑の二階の四人べヤ。自室にて。
つづいての「腰痛」と、「起きると息苦しいので」仰臥しつつ。

半盲　無相

○

紀さん——
十月二十九日消印のお手紙大変おそく十一月五日（一昨、土曜日）にいただきました。
私の「目」も「カラダ」も、「身」もずっと悪くなり、大変書きにくくなりましたが
——。

心臓、そう悪くないハズですが、この間の四月ごろから、二・三十メートル歩くと、イキが苦しくなり、全然食欲もなく、食事はほとんど食べなくなり、手紙もハガキも書けなく、ねむってばかりいましたが、昨夕だけ、夕食たべにいって、オカユ茶碗に$\frac{1}{3}$ほど食べました。

そして、いそぎの返事一通だけ書きました。

この分では、また入院するかわからんので、入院準備（ニモツ）しておかねばと思っています。

○

一通、一通の手紙、いつ、最后のものになるかわからぬと、思って下さい。残念ながら。書きたいことは山ほどあるのに――。

さてこの手紙一枚書くと一服です。「目」を休め、「手」をやすめ、「首」、「肩」を休め――

さて、お手紙を沢山抜粋させてもらった方がわかりよいと思いますが、とても、沢山抜粋出来んので、一寸だけさせてもらいます。

○

「自分の計らいにふりまわされております」

とありますが、それに対して「ご消息」のお言葉（善性本）

「他力というは、凡夫のハカライのチリバカリもいらぬなり。かるが故に、義なきを義とすと申すなり。このほかにまたもうすべきことなし。ただ佛にまかせ給えと大師聖人のみことにて候え」

とあるお言葉、

また末灯鈔のお言葉

「聖人のこのお言葉（ご消息、末灯鈔）は、ハカライあがいている私に対する一大鉄槌《てっつい》の大慈のお言葉。歎異抄もさることながら、末灯鈔（ご消息）なかりせば――の感がいたします。　合掌」

で十月二十九日の紀さんの手紙は終わっていますが、そのアトがわかりません。

○

「ご消息、末灯鈔」の聖人の

「はからいなく、弥陀にまかせよ」

のお言葉が、ハカライやまぬ紀さんに「一大鉄槌」となって、

紀さんのハカライがやんで、生死出離のことは如来に、マルマカセ出来るようになった
ということか、
又は、聖人のお言葉通りにしようとして、ますますハカライのやまぬ、弥陀にマルマカセの出来ぬ自分ということが、アキラカニなったというのか、
また、その他、どうなったのか、十月二十九日のお手紙では「一大鉄槌」のアトのことが、私にはわかりません。
それで、紀さんのことは、「一大鉄槌」となって、それで、どうなったのか、わからぬので、シカタないので、私自分のことを書かせてもらいましょう。
また、一服します。

○

さて、今日の返事として自分の今までのありのままを、出来るだけカンタンに書かせてもらいます。要点だけを。

○

昭和八年（二十九才）から十年十二月まで、（第一回）真言の寺にいて、これはむつ

かしいと暇をもらって、真言の寺を出て、昭和十一年三月から真宗聞法に出て（三十二才）、一番はじめは東京の佛教信修林で、昭和十一年五月から十月まで、朝からねるまで「称名念佛」ばかりやりました。日課、何万ベンともなく。そして結局、その当時は、念佛は「真実の心で称えなければいけない」と思っていたのですが、半年、朝からねるまで称えに称えて、結局

「一声の念佛も、真実の心では申せない自分である」

と気づかされて、

「称えてマイロウ。
称えて助かろう」

ということをやめて、今度は、お西のアリガタイお寺にいったのでした。

○

ソコではお西ですから、
信じられたか、
タノメたか、
信心いただいたか、

どうか、ばかり、マル三年言われ、「チョコチョコ信心数しれず」
でナンベン、ナン百ペンも、感激しては、さめて、結局、
信じてマイルコトも
信じて助かることも
弥陀をタノムことも
落第して、とうとう「求道」「聞法」はとりやめにして、市井に出て、働くことにしました。

○

それから一年半、真宗の本一冊もよみませんでしたが、真言時代のお念佛だけは、煩悩生活についてはなれず、時々、申されるのでしたが、私はメイワクに思ったが、やまないのでしかたありませんでした。

○

一年半後、又、昭和十五年十二月（三十六才）から求めはじめ、昭和三十三年七月までの二十五年間（昭和八年から）に真言と真宗を三往復して、いよいよ真言をあきらめて「真宗一筋に聞こう」と、昭和三十三年七月（五十四才）で、高野山の真言道場を最

后に下山して、真宗一方を聞くことにしました。

○

そのアト、

昭和三十六年（御遠忌）の十一月一日から、昭和四十八年の十二年、同朋会館の門衛

中心に、真宗・聞法・読書をしたのでした。

○

私の五十七才から、老人ホームに来るまでの、六十九才までの十二年間で、その間に、

昭和四十三・四年ぐらいに同朋会館で、紀さんを知ったのでした。

○

そして同朋会館十二年間の間に、だん〳〵

念佛一つ

ただ念佛

ということになり、昭和四十八年二月に「念佛詩抄」を出版したのでした。

○

しかし、一昨年、八月の

〝極重悪人唯称仏〟
〝ただ念佛〟
の大体感から、思うと、一昨年八月までの
ただ念佛一つ
ただ念佛
はもう一つ、ウス紙一枚のスッキリしないものがあったようでありました。

○

紀さん――
私は、
①真実の心をもって「念佛申す」ということは落第でした。虚仮不実の心でしか、念佛は申されぬのでした。自分で念佛申して助かろうとすることは落第でした。
②自分の心で、
本願を信じ
弥陀をタノム
ということも、落第でした。

ホントーに　信じ
ホントーに　タノム
ということは
私には不可能なことでした。
③今回の紀さんの手紙に関係ある
「凡夫のハカライをせずして、
弥陀にマルマカセする」
という、
『末灯鈔』のお言葉、
「無義の信心
無義の念仏」
自分として
ハカラワヌとか
自分の生死を
弥陀にマルマカセをする

とかいうことも、私には不可能でした。

○

それで、
クサイモノにフタをするように
　念仏一つ
　ただ念佛
　仰せ一つ
といっていたようであります。

○

　悪人・唯称仏
としか、体感されぬのに
　極重悪人　唯称仏
と、体感しているかの如く、「念佛詩抄」には、三・四篇も
　極重悪人　唯称仏
と「念佛詩抄」にはうたっていますが、それはやはり、不徹底なものでした。

○

それら一切。
凡夫無相の
「心」から、
念佛申すとか
本願を信ずるとか
弥陀をタノムとか
ハカライなく願力にまかせる
とかの一切は、
落第なのでした。

○

それが、一昨年八月の思いもかけぬ「悪人」ならぬ、「極重悪人」の大自覚（光明による）によって
「極重悪人　唯称仏」
「称我名字」

「ただ念佛して」
の、
「よき人の仰せ」
「如来の勅命」が
はじめて、この
極重悪人の自己そのものに、実にピッタリといただかれて、
生まれてはじめて、
「わが生死の帰依所」
は、
如来回向の
ただ念佛
にありと、ハッキリいただかれて、それ以来、マル二年余、ヒトリ
念佛聞思し、
念佛聞思して来て
ただ念佛よりホカなし

とハッキリと、決定せしめられたのであります。

◯

『歎異抄』の第二條の
親鸞におきては
の「親鸞」とは
地獄一定の親鸞であり、
「極重悪人」の親鸞であり、
それに対しての、
ただ念佛しての
よき人、法然上人の
「仰せ」は、そのまま、
「如来の勅命」
善導大師の
「加減の文」そのまま
「弥陀の誓願」

そのものでした。

○

私にあっては、
『歎異抄』における聖人のお言葉は、
唯円の耳の底に
とどまるお言葉なれど
『末灯鈔』『ご消息』と同じく、聖人ヂキ〱のお言葉といただかれるのであります。

○

そして、
ただ念佛してミダにたすけられまいらすべし
の「よき人」の仰せも、私にあっては、「親鸞聖人」からの
極重悪人　無相
への、ヂキ〱のお言葉といただかれるのであります。

○

そして、

ただ念佛してミダにたすけられまいらすべし
の「仰せ」は、凡夫無相のイワユル「心」からの
信じてまいるも
タノンデまいるも
ハカライなく、如来にマカセルということも
一切、凡夫無相の心に属することは落第の身にとっては
ただ念佛して
ミダにたすけられまいらすべし
と、よきヒトの仰せをかぶりて、
信ずるホカに別の子細なきなり
の「信ずる」とは、イワユル、凡夫の信じ心での信心ではなくして、
「よき人の仰せ」
「如来のお勅命」の
まんまに、
「ただ念佛せよ」とのよき人の仰せ、如来の「勅命」のまんまに

ただ念佛すること
ただナムアミダブツ　ナムアミダブツ
と、オーム念佛すること、発音念佛申すこと、そのこと、
ただ称えること
それが、よき人の仰せを
如来の勅命を
信ずるということの実際でした。

○

凡夫無相のイワユル「心」には関係なく、
ただ「口」に称えることが、この場合の
信ずるホカに別の子細なきなり、
ということなのでした。

○

そして、それが、善導大師さまの「加減の文」
若我成佛　十方衆生　称我名号　下至十声　若不生者　不取正覚

オススメ通りなのでした。

○

聖人の『唯信鈔文意』、聖覚法印の『唯信鈔』のソノトコロを拝読するとわかります。

「ただ口に称える」ということの御真意が、又『観経』の下々品の

汝若不能念者　応称無量寿佛

のお心がわかります。『善導大師』の「加減の文」も、ここから来ているとのことであ

りますが、そうであろうと、いただかれます。

○

そして、大切なことは、

「よき人の仰せ」

「如来の勅命」の

まンまに、

「ただ念佛する」

という、そのままが、はからずも、

㈠よき人の仰せを信じ

如来の勅命を信じる
ことになっているのでありました。
㈡弥陀をタノム　ということになっているのでありました。
㈢ハカライなく、本願にマカセルということになっているのでありました。「無義」と
いうことになっているのでありました。

○

これは実に不思議な「助け方」であります。
凡夫の心としては、信じられぬ、
タノメぬ、
ハカライなく、弥陀に
マカセラレヌ、
まンま
「極重悪人唯称佛」
称我名字
ただ念佛して

加減の文
のまンま、
ただ念佛申すことにおいて、
はからずも、
本願を信じ
たのみ、
ハカライなく弥陀にまかせる
ということになっているのでありました。
我れとしては絶対不可能なことが、ただ
よき人の仰せ
如来の勅命のまンまに、
ただ念佛申すということにおいて
はからずも成就せられているのでした。
それで、
「よき人の仰せ」

「如来の勅命」の
まンまに
ただ念佛申す以外に、
本願を信じたり、
ミダをタノミにしたり、
ハカライなくマカセル
というようなことは、ぜんぜん無用なことでした。
わが生死出離の道は
ただ念佛申すこと、
それだけで充分なのでした。

○

「よき人の仰せ」のままに
「如来の勅命」のままに
ただ念佛申すことが、
能《よ》く衆生一切の無明《むみょう》を破し、能く衆生一切の志願を満《み》てたもう

ことになっていることで、
ただ念佛
に充足されて、ホカにナニ一つ、ホンモノ（御法の上で）がなくなったハズです。

○

「念佛は無義を以て義とす」

「よき人の仰せ」

「如来の勅命」のまンまに、念佛申すことが無義の念佛なのでした。

念佛は無義をもて義とす
ハカライ無き〈無義〉が上ハカライでした。

○

今の私には、御法の上にナンの問題もありません。ただ念佛だけで。
それはナニモカモ、ワカッタからではなく、真宗教義のことナニ一つわからぬまま、
ただ念佛一つ
にて、お助け下さるという「如来の御本意」を
ただ念佛せよ

の仰せのまま、
いただかせてもらったからであります。
○
ワレ〳〵凡夫がドレダケ疑っても、邪魔にはならず、どれだけ信じてもお助けの足し
にはなりません。
「凡夫の心」はすべて
ソラゴト、タワゴトマコトあることなし。
ですから
信心、安心の上にはぜんぜん用がないのです。
ただ念佛のみぞマコトにておわします
です。
○
ナムアミダブツ　ナムアミダブツ
ナムアミダブツ　ナムアミダブツ
○

さて紀さんのこと、どこまでいっても、ハカライのやまぬ紀さんに
「末灯鈔」のお言葉、
「ご消息」のお言葉が大鉄槌になったという。その結果、今、どうですか、そのことが、
私には、ゼンゼンわかりません。それについての返事の書きようがないワケです。
それで、「末灯鈔」の中で、
凡夫のハカライなく、
弥陀にマカセヨ
との聖人のお手紙はもう十数年前から、気がついていましたが、ソレは私には不可解でした。落第でした。

○

「明治書院」の「聖典」総ページ数、五二一ページ、第七通に
「往生は何事も何事も、凡夫のハカライならず、如来の御誓にまかせまいらせたればこそ他力にては候え。」

○

五二三ページ、第九通に

「往生の業には、私のハカライはあるまじく候うなり。あなかしこあなかしこ。ただ如来にまかせおわしますべく候」

○

同じく五二三ページ、第十通に、

「ただ如来の誓願にまかせまいらせ給うべく候。とかくの御はからいはあるべからず候なり」

○

五二九ページ、第十九通に

「往生はともかくも、凡夫のハカライにてすべきことにても候わず、めでたき智者もハカラウべきことにても候わず、大小の聖人だにも、ともかくもハカラワデただ願力にまかせてこそ、おわしますべきことにて候へ」

とあるのに、

私は何十年となく、

私のハカライをやめて、

如来にマカセようと、かかりましたが、

私の心のハカライはやまず、
如来に我が生死出離は、マルマカセ出来ないのでありました。

○

かくして「信ずること」も、

「タノムこと」も、

「ハカライなく、ミダにマカセルコト」も一切、私には不可能なこと、一切落第なのでした。

○

ところが
ただ念佛せよ
「よき人の仰せ」
「如来の勅命」の
まンまに、
ただ念佛し、
ただ念佛申すだけの

身にならせていただくと、「よき人の仰せ」、「如来の勅命」の
まンまに、
ただ念佛申す
そのことが、
オノズカラ
本願を信じ
タノミ
ハカライなくミダにまかせる
ということに、なっているのでした。
驚きました。

○

「よき人の仰せ」
「如来の勅命」の
まンまに、
ただ念佛申すことのホカに、

「本願をタノム」とか
「如来を信ずる」とか
「ハカライなく弥陀にマカセル」
ということはないのでありました。

○

「よき人の仰せ」
「如来の勅命」の
まンま、
ただ念佛申すだけ
で、充分なのでした。ホカになんにもいらないのでした。

○

またつかれて、ウトウトと、ねてしまっていました。今（ゴゴ二時半）目ざめて、お
念佛さまに、
書けよ〱
とはげまされて、また、書きます。

○

さて、紀さん、ここで、面倒だけれど明治書院の「聖典」『尊号真像銘文』の四七六ページ、のおわり近い
光明寺善導和尚の銘に曰く
のトコロを開いて下さい。
そこには

即嘆佛というは、
すなわち南無阿弥陀佛と称うるは、
ほめたてまつる語になるとなり
また、「即懺悔」というは、
南無阿弥陀佛と称うるはすなわち
無始よりこのかたの罪業を懺悔するになるとなり
「即発願廻向」というは
南無阿弥陀佛を称うるは
すなわち、

安楽浄土に往生せんと願うになるとなり

とありますが、これと同じく、
「よき人の仰せ」のままに、
「如来のお勅命」のまンまに、
　お念佛申す、
南無阿弥陀佛と称することは、
　「ミダを信ずることになるなり」であり、
ミダをタノムことになるなりであり、
ハカライなく、ミダにまかせることになるなり
なのであります。

○

それで、
ただ念佛せよ
の「よき人の仰せ」
「如来の勅命」のまンまに

（以下略）

ただ念佛申す
ただ南無阿弥陀佛と申す
ただ、このこと一つで、
「信ずる」こと、
「タノム」こと、
「ハカライなくマカセル」こと、
「無義」ということに、なっているのでありますから
「勅命のまま」に
念佛申すこと、
ただこのこと一つのほかに浄土真宗の信心も、安心もないのであります。

○

それで私は、『歎異抄』第二條の
親鸞におきては
ただ念佛して
ミダにたすけられまいらせて、

信ずるホカに
　称えるホカに別の子細なきなり
で、
　念佛一つ
に大安住させていただいているのであります。

○

紀さんの
「大鉄槌」のアトがわからんので、自分の
ただ念佛信心のありのままを
書かせて、もらいました。

○

　『歎異抄』の結文に、
善信が信心も
聖人の御信心も一つなり
と親鸞聖人の仰せがありますが、今は

無相の信心も
親鸞聖人の御信心も
一つなり
とヒトリで喜ばせていただいています。
ヒトリだけでなく「行学」の藤原幸章先生また、そのように、おっしゃって下さいます。

○

「この上は、念佛をとりて、信じたてまつらんとも、すてんとも、メン〳〵のおんはからいなり」

であります。

○

私は「末灯鈔・ご消息」はもちろんのこと、「歎異抄」に、聖人のお言として、唯円房がとりついでいるお言葉もまた聖人のお言葉と、いただいているのであります。

紀さんの手紙にある「ご消息」のお言葉は次のようにいただいております。

他力と申すは行者のハカライのちりばかりもいらぬなり。

とあるのは、
ただ念佛せよ
の「よき人の仰せ」
「如来の勅命」のまンまに
ただ念佛申すことが
「他力の信」
「他力の行」なのであって、
「よき人の仰せ」
「如来の勅命」のまンまに
ただ念佛申すことが、
行者のハカライをチリばかりもせぬことになっているといただかれるのであります。
それが「無義」ということ、「ハカライが無い」ということでありましょう。
それゆえに
義なきを義とす
と申すなり。

と。
そして
このほかにもうすべきことさらになし
と。

ただ念佛せよの
「よき人の仰せ」
「如来の勅命」のまンまに
ただ念佛申すことが、
ただ如来にまかせ申す
ということになるのでありましょう。
これが
大師聖人、法然上人のみこと
なのでありましょう。

○

以上をもって、

十月二十九日の紀さんのてがみの返信をさせていただきます。

○

今日の、未明三時半から、今、午后三時四十分まで、休み〳〵、十二時間かかってやっとご返事、書かせてもらいました。

○

もうもうつかれて、今日はもうハガキ一枚も書かず、四時半の夕食まで、一時間、目をつぶって

念佛申し〳〵、

やすませてもらいます。

○

「体力」なく「視力」なく、これ以上くわしく書けませんが、これが最后の手紙となってもよいと思うほど大事なことを書かせてもらいました。

○

極重悪人唯称佛

ただ念佛して

で
「よき人の仰せ」
「如来の勅命」の
ままに
唯念佛申すホカに
私の信心、安心はありませぬ。
凡心が信ずるとか、疑うとかは、一切問題でありません。
ただ仰せのみ
勅命のみ
であります。

○

皆、元気でいて下さい。
真由実さんによろしく〳〵
ナムアミダブツ
ナムアミダブツ

ナムアミダブツ
ナムアミダブツ

合掌

（五十八・十一・七（月）　午后三時五十分）

十四　最後のお手紙

一九八三年十二月二十二日

（最後のお手紙。亡くなられる半月前。編者）

ナムアミダブツ
ナムアミダブツ
ナムアミダブツ
ナムアミダブツ

五十八年十二月二十二日　水　午前五時二十分
武生駅前から歩いて五分の林病院の四階の二人べやにて。　病臥無相

紀さん――
ハガキや手紙、沢山もらっているのに、今回の病気では「体力」「視力」がないばか

りでなく、字を書く、手紙、ハガキを書く「体力」が、サッパリなくなって、こまっているのです。

〝慈光〟誌の〝念佛詩抄〟のカタチで信仰のこと書く「気力」がなくなって「念佛詩抄」を七月号からやめましたが、今度は〝念佛詩抄〟どころでなく、カンジンの字を書く「気力」がなくなって、ヨッポドでなくては、手紙、ハガキ書けなくなり、大方は電話で、御返事するので、十一月十九日入院以来、三十三日で、電話料、もう二万円もつかいました。

それも、電ワかけるもシンドイが手紙、ハガキを書くほどでありませんので、カラダの調子、すこしいい時、かけるのです。

一月三日に、紀さん来てくれるというので、それまでに、ゼヒ一度、書きたい〳〵、書かねば〳〵と思いつつ、それが書けないで、一日のばし、二日のばして、とうとう今朝になりました。

今朝はこれをどうでも書いて速達で出します。

○

とてもシンドイのでいろいろ書けません。

○

今度の病キは、この春、三、四、五月と入院した生まれてはじめての「タンノウエン（砂がたまっていたいいたい）」と「カンゾウ病」の再発で、十一月十八日夜、イタミに七転八倒して苦しみ、十九日に入院。

スグにツキソイたのんで、水もクスリものんではいけない「点滴注射」を十日つづけ、やっと、いたみがおさまり、一日一万円のツキソイさん、十五日目の十二月五日目にことわったが、それから「体力」は少しも、カイフクせず、入院三十三日目の今日、なおツキソイがほしいほど悪いのです。

○

入院しても、来る人は、いつも来てくれますが、もう大勢の人の話相手は出来ません。一時間か二時間ベッドで、話は出来ますが、要点だけになります。

○

今年は正月ごろから、どうも「今年はおかしい」と、最后のトシのつもりで、「昭和五十八年」と書くようにしたが、来年二月二十日で八十才、お釈迦様のトシになるので、それ楽しみにしていたが、それもあやしい。

一月三日に来てくれるのを心まちにしています。
もうこれが、此の世で会える最后でしょう。それからは
お念佛さま
の中にて。

○

ハカライやまぬ間はハカラッテよいのですよ。
ミダにまかせられぬ間は、まかせられなくていいのですよ。
時節が来たら、いつの間にか、
ハカライもやめ
ミダにまかせる意識なしにまかせて
お念佛一つにならざるを得ぬことになる。
いつでも、今のまンまで、
ナンマンダブツ
これだけです。

○

そのお念佛も、
称えられなくなったら、
それはまたそれでいいんですよ。

○

ノドモトでも、ムナモトでも称えることが出来なくなっても、
如来さまの
「生死まる、オヒキウケ」にはすこしもかわりないそうですよ。
それは、
ただ念佛してミダにたすけられまいらすべし
との「よき人の仰せ」
「如来のお勅命」
がかかっているだけで、お助けだそうですよ。凡夫の方の
ハカライやまぬも
ミダにまかせられないも、ナニ一つ関係ないのです。
如来のお助け

御引受けには

ただただ

　ただ念佛せよ

の「仰せ」だけ、「勅命」のホカは、ナンニモイラヌラシイですよ。

〇

一月三日に来れなかったら、これが最后の言葉と思って下さい。もう書けません。カラダメリメリといたくて。

真由実さんによろしく〳〵

〇

やっとこれだけ書けて、ヤレヤレです。

ナムアミダブツ

ナムアミダブツ

ナムアミダブツ

ナムアミダブツの仰せだけ、お勅命だけ。

（十二月二十二日〔水〕　午前五時五〇分）

十五　臨末でのお話（テープ録音）

一九八四年一月三日

木村無相さんが亡くなられる三日前（一月三日）に、最後の肉声でのお話を、テープに収録したものの中で大事なところを起こしました。場所は福井県武生駅近くの林病院内で、ナースセンター前の一室。無相さんはこの二日後に昏睡状態になられ、三日目の昭和五十九年一月六日（満七十九才）に往生されました。非常に重篤で苦しい息の中でお聞かせをいただきました。そしてベッドに横になられたまま震える手で、サインペンを取って次の歌を書いて下さいました。

生き死にの
道はただただ
ナムアミダ

ただ称えよの
　仰せばかりぞ

そして、共にお見舞いに来られていた加茂淳光師に

称えられなくても
仰せばかりで沢山

称えよの仰せが　かかっている
のが念仏の行者

と書いて渡されました。これらが無相さんの絶筆となりましたが、どちらも無相さんのご信心がよく表されています。

以下は、その時録音したものの中、主に佛法に関しての無相さんのお話の部分です。

（　）内は編者の言葉です。

何を言おうとしたのか、忘れてしもうた。

◇　　◇　　◇　　◇

（香樹院さんの）

一生涯の内に、一人だけ、相手になれたらええという、その人はな、一人は、最後はな、自分一人や。自分一人、自分一人が助かればええというてもええんじゃ。それが大仕事や、その上での自信教人信じゃわ。

自分が助からんで、なんで人が助かるか。人助けはもう還相の仕事として、カッコの中に入れて、この世ではただ自信、自信と。

自信いうても、凡夫の信心と違う。我が機の極重悪人と知らしめるところの、他力廻向の信心。その極重悪人は、「唯称佛」という法より外に助かる道はないと、こうお知らせ下さる。どっちも向こうからのお知らせで、こっちの心があぁしたら、こうしたらということはない。

いつ時節がきて、ああそうやったかと気づかれる日が来る。来るからよう聴聞せよと、『求法用心集』に書いてあるは。香樹院師が

「貞信貞信、よく聞けよく聞け、よく聞き聞きすると、なーんにもわからぬなーりに、

助けて下さるということが、わけがわかるからなあ」

なーんにも知らぬなり、なーんにもわからぬなり、ただ仰せのまま、もうそれだけのこっちゃ。

もうくたびれた。

＊

手を、手を握って。

（はい）

六十年、二十歳から六十年の聞法、求道の結果はお念佛一つ。それも「ただ念佛せよ」の仰せのままに、称えるということだけでな。もうそれよりほかに、念佛称えられんようになったら、よくわかること。ただ念佛せよの仰せ一つ。念佛せよというて特別なんがあるんじゃないの。

如来のおん目に、とまり、特別、如来のおん目にとまって、十方衆生というものが如来のおん目にとまる。念佛衆生というものは、十方衆生というはずじゃわ。ぜーんぶ念佛者じゃわ。如来のおん目から見たら、一人も欠けるところはない。他宗の人であろうが、反念佛者であろうが、なんであろうが、如来のおん目に、「十方衆生よ」と、こういう風に、おん目にとまった者は、みーんな念佛者じゃ。広義の念佛者じゃ。広義の念佛者だけで助かるんだよ。

同じことばかり言うけれどな、ありがたいことに、病気の上にいろいろと、「凡夫の方にはなあーんにもないんじゃなあー」いうことが思い知らされ、苦しければ苦しいま、お念佛さえ申さず、終わらせてもろうても、もうそれで充分。極楽があろうがなかろうが、参らせてくれようがくれまいが、そりゃあ如来様の仕事や。ワシの仕事と違う。ただ、お聞かせをいただくだけのことじゃ。

もう、もう苦しい。

（木村さん。今までずっとありがたく、今までおそだてありがとうございました。あとついでやります。木村さんの教えを守って、教えをきざみつけていきます。木村さんの言われたことを刻みつけていきます）

わからん（注――編者の声が聞こえないとのこと）、わからん、あかんなあ。

（木村さんの言われたことを刻みつけていきます）

よくあえたなあ。如来様の誓願力のおかげでなかったら、あうことができなかった。こんだけのなにが聞いてもらえなかった。

弥陀願力のおかげや。ナンマンダブ　ナンマンダブ、ナンマンダブ、ナンマンダブ、ナンマンダブ、ナンマンダブ。

土井君、帰らないかん時間、時間ずっと過ぎてる　帰ってくれていいよ。

(もうじき帰ります)

＊

何か言うことがあるんじゃないか。

(今もう別に)

無い。

(全部お聞きしてます)

結論するところはなーんにもないの。凡夫のなーりに、信心も安心もなーんにもないままで、凡夫のまんまで死んでいけばええの、生きていけばええの。

いわゆる昔から妙好人の話や、信者の話や聞いとるが、そんなもん、真似はちょっともいらんの。自分は自分なりの業報のままに、人の真似なんかいらんの。妙好人がどうあろうと、信者がどうあろうと、そんなもん、真宗人であろうと、なかろうと。そんなことどうでもええのや。ただ普通の人間として生きていき、普通の人間として死んでいけばええの。なーんもいらんの。

もうこんだけ、こんだけ言うだけで、口の中が渇いて、ものが言われへん。

もうすぐ帰らなあかんな。あともう何分や。

(あと一時間ほどあります)

＊

うちのな、ほんと、たった一人の姉が生きとったんじゃがな、この七月二十日に、肺ガンで死んだそうな。

(東京でしたな)

東京、おったところは知らん、風の便りに聞いたんじゃ。もう思い残すことは何もない。おかあさんによろしうな。

(ながながとお世話になって、ありがとうございました。本当に)

いやもう、お世話になったのはこっちやった。眞由実さんによろしくなあ。よう、本当の内助の功をよくするやろ、

(ありがたいです)

なあ。紀さん、そんなんないわ。

もう、そこまで聞いて、そこまで、ちょっとじゃ。ほっといてもな、ああそうやったと気がつく。だから、気がつこうとするとだめ。ほっといてやっとらなきゃいかんが、気がついたらええとか、そんなことなーんにも、いらんの。凡夫に属することはなんにもいらぬの。こっちはな、無佛法、無信仰の、聴聞する人と同じでいいの。少しでも真宗人らしい気持ちになろうとするの、そりゃー色気や。

(色気ですか)

＊

信心の、特益というのは、何か信心いただいたら特別なことがあるように思うけど、その錯覚を除いて下さって、信心いただいてもいただかなくても、まったくの素人と同じじゃということをハッキリさして下さるの。

欲が起こったり腹を立てたり、疑ったり、はからったり、普段の人とちょっとも変わらんということをはっきりさせて下さる。じゃから普段の生活に迷いがなくなるの。これが人間じゃ、これが自分じゃ、これが人生であるということが、はっきりさせてもらえる。

信者ぶらんで、そのまま死なしてもらえる、死なしてもらえるんじゃ、信者ぶらんでそのまま、生かしてもらえるんじゃや、それが信心の特益、特益や。

＊

十年、お世話になって、病院にかよわせてくれた園長さんに、御礼も言いたいし、頼み事があるの、後始末のな。もうそれだけで、だれーにもあいたいことない。もう、もう、岩崎さんも十一月十六日におうたし、紀さんにもあうことができて、言いたいことぼちぼち言うたんで、もう心残りはない。

そんなにな、あせって、自分をどうこうしようということは、なあーんにもせんでいいこと。

（はいわかりました）

＊

信者に、なろうとするから、苦しむの。信者になれぬまんまで上等なの、それが最高じゃや。ほかの人はそれを知らんの。ほれで、今から求めて、聞いて信者になろうと思うて、一生懸命なる。信者になろうとおもえんまんまで、もうそのままで、なれんまんまでいいの、本当に。気休めでない。ごく無信の普通の平凡な人として、終わればええの。

（わかりました）

そこまでわからしてくれる人に、なかなかあえない。真宗のいわゆる「教義」というものに迷わされるの。

（そうですね）

＊

十時に、夜の十時なるからなあ、

（いいです、すぐですから）

帰り着いたら十時になるなあ。

（いいですそれは）

すまん、すまん、ありがとう、ありがとう。

（木村さん、ぼつぼつ帰ります、本当にありがとうございました）

ありがとう、ほんまにありがとう。それはこれでおしまいいうか、それはわからんけれども、思うだけのこと言うた。元気に、もうのんきにやってちょうだい。おかあさんによろしくな、眞由実さんによろしくなあ。

＊

なんにも難しいことも、信者めいたこともいらんのやで、信者になれんでええねんで。

（はい、わかりました）

それが普通の人にはっきりせんの。

（肝に銘じときます）

それがはっきりして、信者になれんままで、なろうとせんままで、ただ煩悩、名利愛欲、疑い、はからい、そのままで、ただナンマンダ、ナンマンダ、これ、これ、これだけや。それもできなかったら、「汝一心正念にして直ちに来たれ」という、仰せだけ、「我が名を称えよ」という仰せだけ。もう如来のおん目にふりかかっただけで、念佛者じゃ。念佛者にあえてなりたかったら、なりたいもなりたくないも、もうただ向こうからの
（仰せだけ）

向こうからの　向こうの思いが加わったんじゃからどうしようもないわ。ほんならもうこれで。

（もうこれで失礼します）

顔、よう続いたなあ。ご縁が深かったなあ、もう十六・七年にもなるかなあ。

ありがとう、もう紀さんにあえただけで。園長さんに、園長さんだけに話したいことがある。もうそれだけや、あとなんにもいらん、園長さん明日来てくれる、来てくれる、

今朝来てくれたけどわからんのや。今朝、二時間ぐらいおったそうなけど、わからんのや、あわんから、だまっとるから。

（了）

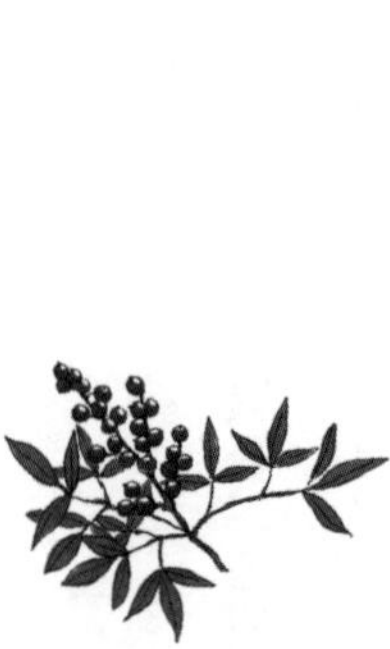

十六　余録

（日付は不明ですが、最晩年のお手紙の断片を以下に載せておきます。編者）

＊　　＊　　＊

ワレ〳〵として、もっとも大切なこと、ただこれ一つより大切なことは無い大切なことは
「念佛よりホカに出離の道は存知しない」
つまり、
「念佛一つが、生死出離の道であるぞよ」
との、聖人の最後のギリギリの切り札である。
称我名字の仰せ、
又、
ただ念佛、のホカ、
生死出離の道をまったく知らぬわからぬワレ〳〵にとっては

「よき人の仰せ」
「如来の本願」
ただ念佛してのホカは、ナニ一つ、用がないのではありますまいか。
ワレ〳〵の無有出離之縁の、「自性」を知りぬき切っての上での
ただ念佛せよ、
の仰せのままに、ご誓願のままにただ、声に、口に、ただ念佛申す以外に、私はナニ一つ、わからぬ、ナニ一つ無い私なのであります。
ワレ〳〵の「生死出離」については、如来が、全部マルキリ、「ナムアミダブツ」とお引受け下さっているので、全く、生死出離については、ツユチリホドの力のない、絶対、無能無力のワレ〳〵は「丸々引受くるから、ただ念佛せよ」の仰せのまンまに、助かるか助からぬか、果して、「生死出離出来るかどうか」は、如来のおおせにおまかせして、念佛申し申し、生死出離出来ようとも、出来まいとも、それは如来様のお仕事として、
ワレ〳〵は、仰せのままに、ただ念佛申すよりホカ無いのではありますまいか。

十七　『木村無相さんの略年譜』

明治三七（一九〇四）年
二月二〇日。熊本県八代で誕生。三歳の時、朝鮮、満州へ渡る。

大正　七（一九一八）年（一四歳）
朝鮮・平城で高等小学校卒業。

大正一〇（一九二一）年（一七歳）
神戸工業高校建築科に通う。

大正一三（一九二四）年（二〇歳）
「煩悩を断じて悟りを得たい」と発起する。また二度自殺を図る。

昭和　五（一九三〇）年（二六歳）
フィリピン・ダバオで小学校教員、協同組合書記四年。「オレの助かる道は仏教にあるらしい」と見当がつく。

昭和　八（一九三三）年（二九歳）
帰国し、四国遍路、愛媛県香薗寺の三密学園で真言の教えを学ぶ。

昭和三三（一九五八）年（五四歳）七月、真言・高野山を最終的に去り、真宗ひとすじに聴聞するようになる。

昭和三六（一九六一）年（五七歳）東本願寺同朋会館門衛になり、十二年間ひたすらに聴聞。

昭和四八（一九七三）年（六九歳）二月。『念佛詩抄』（永田文昌堂）刊行。

九月、東本願寺同朋会館を退職し、福井県武生市老人ホームに入寮。

昭和五二（一九七七）年（七三歳）NHKラジオ「宗教の時間」にて放送＝「私の詩と信仰」

昭和五八（一九八三）年（七九歳）NHKラジオ「宗教の時間」にて放送＝「煩悩と私」

昭和五九（一九八四）年（七九歳）一月六日。武生市林病院にて命終。

（遺体は福井医科大学に献体）

以上

＊参考資料「無相さんを偲んで」（「永田文昌堂」）より。

木村無相さんに関する本は、
「念佛詩抄」（永田文昌堂）
「念佛詩抄続」（永田文昌堂）
「念佛詩抄続々」（永田文昌堂）
「歎異抄を生きて」（M氏宛書簡。光雲社）
「歎異抄を味わう」（加茂淳光師宛書簡。光雲社）
「無相法信集」（岩崎成章師篇。西村為法館）
「木村無相師法談」（岩崎成章師篇。法蔵館）
「無相さんを偲んで」（永田文昌堂）
「『念佛詩抄』とわたし」（永田文昌堂）
などがあります。

あとがき

寺院ではなく一般家庭に生まれ、高校三年の時に真宗にであってお念仏を申すようになりました。ほどなく佐々木蓮麿師を通して清沢満之のことを知り、大谷大学（真宗学科）に進み、卒業後、昭和四十四年（一九六九）二月、藤原正遠師のお勧めによって真宗大谷派本願寺研修部に勤めることになりました。

本山東本願寺の近くの職員住宅に一時住んでいましたが、ある日部屋を出て玄関に向かっていた時、後ろから「ナムアミダブツ、ナムアミダブツ」とお念仏の声が聞こえました。「ああ珍しい」と思って、振り返って見ると、一人の老人が鍋をもって流し台に向かっていました。そのお念仏の声がなんともいえない良い響きだったのが印象的でしたが、その時はそれで終わりました。

その後、ほどなく大谷派教師資格を取ることになり、教師修練で同じ修練生であった富山県の二上久さんに出あい、彼が「いい人を紹介してあげる」といって、研修部同朋会館の門衛室に連れて行ってくれました。そこで紹介されたのが門衛をしておられた木村無相さんでした。「ああ、あの時の方」と親しみを感じ、それからいろいろお話しをうかがいました。真剣にお念仏の信心を深めておられるお方だと感じて、その時から心が通いました。お念仏は申していても心は開かれないで、もやもやし続けていた私には、無相さんはまさにお念仏の信心を身近に真剣に語って下さる人だったのです。

無相さんにお会いすることで、お念仏のお心を微に入り細に入りお聞かせいただくことができるようになりました。以後、無相さんが往生される昭和五十九年（一九八四）年一月までの十五年間、筆舌に尽くしがたいほどのご法縁をいただきました。

こうして往生される半年ほど前、真っ暗だった私の人生にやっと一条の光が射しこみました。無相さんは、私にとってはまさに還相の菩薩であったと思います。

この度、福井県の藤枝宏寿師のご配慮でこの本を出版させていただき、無相さんのご恩に少しでも応えることができて嬉しく思っております。最後に、本書発刊に当たってご協力賜りました永田文昌堂社主に衷心より深く感謝申し上げます。

編者

編者紹介

土井　紀明（どいのりあき）
1945年大阪に生まれる。大谷大学真宗学科卒
現在、真宗大谷派念佛寺住職
現住所　兵庫県西宮市甲子園口２丁目７－20
（電話・０７９８・６３・４４８８）
（HP）http://www.eonet.ne.jp/ŝouan/

〈著書〉念佛寺刊行物
『真宗教学の諸問題』『真宗の念佛と信心』『佛に遇うまで』
『松並松五郎念佛語録』（編著）

木村無相　お念佛の便り

2016年10月22日　印刷
2016年10月31日　発行

編　　者　土　井　紀　明
発 行 者　永　田　　　悟　京都市下京区花屋町通西洞院西入
印 刷 所　図書印刷 同　朋　舎　京都市下京区壬生川通五条下ル
発 行 所　創業慶長年間 永田文昌堂　京都市下京区花屋町通西洞院西入
電　話（075）３７１－６６５１
ＦＡＸ（075）３５１－９０３１

ISBN978-4-8162-6236-4 C1015